이렇게
기막힌
적중률

컴퓨터활용능력 1급
실기 기본서

3권 · 함수공략집

"이" 한 권으로 합격의 "기적"을 경험하세요!

YoungJin.com Y.
영진닷컴

스프레드시트
계산작업

계산작업 문제 01회

▶ 합격 강의

작업파일 [2025컴활1급₩3권_함수사전₩계산작업] 폴더의 '계산작업' 파일을 열어서 작업하시오.

	A	B	C	D	E	F	G	H		J	K	L	M	N	O
1	[표1]					❷		❸		[표2] 친환경인증별 백분위수				❹	
2	구분	제조방법	친환경인증	제조일	가격	판매량	판매순위	기타		친환경인증	90%	80%	70%	60%	
3	11-20240530-3	가루차	무농약	2024.05.30	15,000	450		▶ ▶ ▶ ▶		무농약	750	660	600	450	
4	33-20240630-4	잎차	무농약	2024.06.30	44,000	600		▶ ▶ ▶ ▶ ▶ ▶		유기농	572	544	454	302	
5	33-20230530-5	잎차	무농약	2023.05.30	34,000	430		▶ ▶ ▶ ▶		저농약	478	426	382	346	
6	22-20240630-6	가루차	저농약	2024.06.30	15,000	200		▶ ▶							
7	11-20240730-7	가루차	유기농	2024.07.30	10,000	100	☆Low2			[표3] 제조년도별 제조방법 판매량		❺			
8	11-20230830-8	가루차	무농약	2023.08.30	30,000	340		▶ ▶ ▶		제조방법	2023 년	2024 년			
9	33-20230730-9	잎차	무농약	2023.07.30	10,000	400		▶ ▶ ▶ ▶		가루차	27.0%	27.4%			
10	33-20240830-10	잎차	저농약	2024.08.30	25,000	530		▶ ▶ ▶ ▶ ▶		잎차	61.5%	57.1%			
11	11-20240630-11	가루차	무농약	2024.06.30	10,000	370		▶ ▶ ▶		발효차	11.5%	15.5%			
12	33-20230530-12	잎차	무농약	2023.05.30	10,000	400		▶ ▶ ▶ ▶							
13	33-20240630-13	잎차	무농약	2024.06.30	60,000	800	★Top1	▶ ▶ ▶ ▶ ▶ ▶ ▶ ▶							
14	33-20240725-14	잎차	무농약	2024.07.25	20,000	660	★Top3	▶ ▶ ▶ ▶ ▶ ▶							
15	33-20230825-15	잎차	무농약	2023.08.25	200,000	750	★Top2	▶ ▶ ▶ ▶ ▶ ▶ ▶							
16	11-20230901-16	가루차	유기농	2023.09.01	36,000	530		▶ ▶ ▶ ▶ ▶							
17	22-20240902-17	발효차	유기농	2024.09.02	70,000	600		▶ ▶ ▶ ▶ ▶ ▶							
18	22-20230930-18	발효차	무농약	2023.09.30	25,000	320		▶ ▶ ▶							
19	22-20230625-19	발효차	유기농	2023.06.25	40,000	50	☆Low1								
20	33-20240525-20	잎차	무농약	2024.05.25	70,000	240		▶ ▶							
21	22-20240621-21	발효차	저농약	2024.06.21	120,000	210		▶ ▶							
22	33-20240706-22	잎차	유기농	2024.07.06	100,000	150	☆Low3								
23	11-20240105-23	가루차	저농약	2024.01.05	65,000	310		▶ ▶ ▶							
24															

▲ '계산작업1회' 시트

01 [표1]의 제조방법[B3:B23], 제조일[D3:D23]을 이용하여 구분[A3:A23]를 표시하시오.

- ▶ 제조방법이 가루차인 경우 11, 발효차인 경우 22, 잎차인 경우 33으로 표시하고, 제조일의 '.'은 공백으로 표시하고, 현재 행 번호를 [표시 예]와 같이 표시
  [표시 예 : 제조방법이 가루차, 제조일이 2024.05.30, 행 번호가 3인 경우 → 11-20240530-3]
- ▶ LOOKUP, SUBSTITUTE, ROW 함수와 & 연산자, 배열 상수를 이용

02 [표1]의 판매량[F3:F23]를 이용하여 판매순위[G3:G23]를 표시하시오.

- ▶ 판매량의 순위를 상위 3위까지는 '★Top'와 순위 표시, 판매량의 순위 하위 3위까지는 '☆Low'와 순위 표시, 그 외는 공백으로 표시
- ▶ IF, LARGE, RANK.EQ, SMALL 함수를 사용

03 사용자 정의 함수 'fn판매'를 작성하여 [표1]의 기타[H3:H23]를 표시하시오.

- ▶ 'fn판매' 함수는 판매량을 인수로 받아서 특정 문자열을 반환
- ▶ 판매량이 200 이상이면, 판매량을 100으로 나눈 값만큼 "▶" 문자를 반복하여 반환하고, 그 외에는 공백을 표시
- ▶ IF ~ Else 문과 For ~ Next 문을 이용

```
Public Function fn판매(판매량)

End Function
```

04 [표1]의 친환경인증[C3:C23]별 판매량을 이용하여 [표2]의 판매량의 백분위를 소수 자리에서 반올림하여 정수로 [K4:N6] 영역에 표시하시오.

  ▶ ROUND, PERCENTILE.INC, IF 함수를 이용한 배열 수식

05 [표1]의 제조방법[B3:B23], 제조일[D3:D23]의 년도별 판매량[F3:F23]을 이용하여 [표3]의 [K10:L12] 영역에 비율을 표시하시오.

  ▶ 제조방법별, 년도별 판매량의 합계 / 년도별 판매량의 합계
  ▶ [표시 예 : 27.0%]
  ▶ TEXT, SUMIFS 함수와 & 연산자 이용

해설

01 구분[A3:A23]

[A3] 셀에 =LOOKUP(B3,{"가루차","발효차","잎차"}, {11,22,33})&"-"&SUBSTITUTE(D3,".","")&"-" &ROW()를 입력하고 [A23] 셀까지 수식을 복사한다.

💬 **함수 설명**

① LOOKUP(B3,{"가루차","발효차","잎차"},{11,22,33}) : [B3] 셀의 값을 가루차, 발효차, 잎차에서 찾아 가루차는 11, 발효차는 22, 잎차는 33으로 반환
② SUBSTITUTE(D3,".","") : [D3] 셀에서 .을 공백으로 바꿈
③ ROW() : 현재 행의 번호를 반환

=①&"-"&②&"-"&③ : ①-②-③ 형식으로 표시

02 판매순위[G3:G23]

[G3] 셀에 =IF(F3>=LARGE($F$3:$F$23,3),"★ Top"&RANK.EQ(F3,$F$3:$F$23,0),IF(F3<= SMALL($F$3:$F$23,3),"☆Low"&RANK.EQ (F3,$F$3:$F$23,1),""))를 입력하고 [G23] 셀까지 수식을 복사한다.

💬 **함수 설명**

① LARGE($F$3:$F$23,3) : [F3:F23] 영역에서 3번째로 큰 값을 구함
② RANK.EQ(F3,$F$3:$F$23,0) : [F3] 셀의 값을 [F3:F23] 영역에서 내림차순 순위를 구함
③ SMALL($F$3:$F$23,3) : [F3:F23] 영역에서 3번째로 작은 값을 구함
④ RANK.EQ(F3,$F$3:$F$23,1) : [F3] 셀의 값을 [F3:F23] 영역에서 오름차순 순위를 구함

=IF(F3>=①,"★Top"&②,IF(F3<=③,"☆Low"&④,"")) : [F3] 셀의 값이 ①보다 크거나 같으면 ★Top과 ②을 [F3] 셀의 값이 ③보다 작거나 같으면 ☆Low와 ④을 그 외는 공백으로 표시

⑬ 기타[H3:H23]

① [개발 도구]–[코드] 그룹의 [Visual Basic](🖼)을 클릭한다.
② [삽입]–[모듈]을 클릭한다.
③ Module 창에 다음과 같이 입력한다.

```
Public Function fn판매(판매량)
    If 판매량 >= 200 Then
        For i = 1 To 판매량 / 100
            fn판매 = fn판매 & "▶"
        Next i
    Else
        fn판매 = ""
    End If
End Function
```

④ [파일]–[닫고 Microsoft Excel(으)로 돌아가기]를 클릭하여 [Visual Basic Editor]를 닫는다.
⑤ [H3] 셀을 클릭한 후 [함수 삽입](𝑓ₓ)을 클릭한다.
⑥ '범주 선택'에서 '사용자 정의', '함수 선택'에서 'fn판매'를 선택한 후 [확인]을 클릭한다.
⑦ 그림과 같이 셀을 지정한 후 [확인]을 클릭한다.

⑧ [H3] 셀을 선택한 후 [H23] 셀까지 수식을 복사한다.

⑭ 친환경인증별 백분위수[K4:N6]

[K4] 셀에 =ROUND(PERCENTILE.INC(IF($C$3:$C$23=$J4,$F$3:$F$23),K$3),0)를 입력하고 Ctrl + Shift + Enter 를 누른 후 [N6] 셀까지 수식을 복사한다.

> 💬 함수 설명

① IF($C$3:$C$23=$J4,$F$3:$F$23) : [C3:C23] 영역의 값이 [J4] 셀과 같으면 [F3:F23] 영역의 값을 구함
② PERCENTILE.INC(①,K$3) : ①의 값을 [K3]의 백분위수를 구함

=ROUND(②,0) : ②의 값을 반올림하여 정수로 표시

⑮ 제조년도별 제조방법 판매량[K10:L12]

[K10] 셀에 =TEXT(SUMIFS($F$3:$F$23,$B$3:$B$23,$J10,$D$3:$D$23,K$9&"*")/SUMIFS($F$3:$F$23,$D$3:$D$23,K$9&"*"),"0.0%")를 입력하고 [L12] 셀까지 수식을 복사한다.

> 💬 함수 설명

① SUMIFS($F$3:$F$23,$B$3:$B$23,$J10,$D$3:$D$23,K$9&"*") : [B3:B23] 영역에서 [J10]과 같고, [D3:D23] 영역에서 [K9]로 시작하는 값의 [F3:F23] 영역의 합계를 구함
② SUMIFS($F$3:$F$23,$D$3:$D$23,K$9&"*") : [D3:D23] 영역에서 [K9]로 시작하는 값을 찾아 [F3:F23] 영역의 합계를 구함

=TEXT(①/②,"0.0%") : ①/②의 값을 0.0% 형식으로 표시

계산작업 문제 02회

> **작업파일** [2025컴활1급₩3권_함수사전₩계산작업] 폴더의 '계산작업' 파일을 열어서 작업하시오.

[표1]

세원코드	납세자유형	세목명	세원유형	납부금액	납부일	결제방법	수납방법	기타
11-20220615-3	개인	자동차세	승용	182,100	2022.06.15	이체	2022전용계좌	
22-20230720-4	법인	부가가치세	부가가치세	1,189,800	2023.07.20	현금	2023방문납부	
11-20230810-5	개인	재산세	재산세(주택)	281,300	2023.08.10	현금	2023방문납부	주택
22-20240905-6	법인	법인세	부가가치세	2,292,600	2024.09.05	이체	2024전용계좌	
11-20231012-7	개인	취득세	주택(개별)	801,700	2023.10.12	CARD	2023모바일앱	주택
22-20221125-8	법인	주민세	주민세(재산분)	605,200	2022.11.25	현금	2022방문납부	
11-20241230-9	개인	지방소득세	종합소득	1,464,500	2024.12.30	이체	2024전용계좌	
11-20230114-10	개인	자동차세	화물	1,062,800	2023.01.14	이체	2023전용계좌	
22-20230222-11	법인	법인세	원천세	1,259,700	2023.02.22	CARD	2023모바일앱	
11-20240311-12	개인	취득세	차량	1,975,100	2024.03.11	현금	2024방문납부	
11-20220415-13	개인	취득세	주택(단독)	3,012,000	2022.04.15	이체	2022전용계좌	주택
22-20230520-14	법인	부가가치세	부가가치세	2,024,100	2023.05.20	CARD	2023모바일앱	
11-20230610-15	개인	재산세	재산세	2,926,900	2023.06.10	현금	2023방문납부	
22-20240705-16	법인	법인세	직접세	326,500	2024.07.05	이체	2024전용계좌	
11-20230812-17	개인	취득세	기타	535,500	2023.08.12	CARD	2023모바일앱	
22-20231222-18	법인	법인세	원천세	672,500	2023.12.22	CARD	2023모바일앱	
11-20230111-19	개인	취득세	주택(단독)	2,490,800	2023.01.11	현금	2023방문납부	주택
11-20240215-20	개인	지방소득세	특별징수	969,000	2024.02.15	이체	2024전용계좌	
22-20230320-21	법인	부가가치세	부가가치세	1,061,800	2023.03.20	CARD	2023모바일앱	
22-20240410-22	법인	재산세	재산세	1,152,800	2024.04.10	현금	2024방문납부	
22-20220505-23	법인	법인세	원천세	2,869,600	2022.05.05	이체	2022전용계좌	
11-20240914-24	개인	자동차세	승합	268,300	2024.09.14	이체	2024전용계좌	
22-20231022-25	법인	취득세	주택(단독)	1,366,300	2023.10.22	CARD	2023모바일앱	주택
11-20221111-26	개인	취득세	주택(개별)	2,020,100	2022.11.11	현금	2022방문납부	주택

[표2]

	2022	2023	2024
개인	67.0%	51.7%	69.0%
법인	33.0%	48.3%	31.0%

[표3]

세목명	납부일
자동차세	2023.01.14
부가가치세	2023.05.20
재산세	2023.06.10
법인세	2022.05.05
취득세	2022.04.15
주민세	2022.11.25
지방소득세	2024.12.30

▲ '계산작업2회' 시트

01 [표1]의 납세자유형[B3:B26], 납부일[F3:F26]을 이용하여 세원코드[A3:A26]를 표시하시오.

- ▶ 세원코드는 납세자유형, 납부일, 행 번호를 '-'로 연결하여 표시
- ▶ 납세자유형이 '개인'이면 11, '법인'이면 22로 표시하고, '납부일자'의 '.'은 공백으로 표시
- ▶ LOOKUP, SUBSTITUTE, ROW 함수와 & 연산자, 배열 상수를 사용

02 사용자 정의 함수 'fn수납방법'을 작성하여 [표1]의 수납방법[H3:H26]을 표시하시오.

- ▶ 'fn수납방법' 함수는 납부일과 결제방법을 인수로 받아 수납방법을 계산하여 되돌려 줌
- ▶ 결제방법이 '이체'일 경우 납부일의 연도와 함께 '전용계좌'를 표시하고, 결제방법이 'CARD'일 경우 납부일의 연도와 함께 '모바일앱'을 표시하고, 그 외에는 납부일자의 연도와 함께 '방문납부'를 표시하시오.

```
Public Function fn수납방법(납부일, 결제방법)

End Function
```

03 [표1]의 세원유형[D3:D26]을 이용하여 기타[I3:I26]를 표시하시오.

- ▶ 세원유형에 '주택'이란 내용이 있을 경우, 기타에 '주택'으로 표시하고, 그 외에는 공백으로 표시할 것
- ▶ IF, ISNUMBER, SEARCH 함수 사용

04 [표1]의 납부일[F3:F26]과 납부금액[E3:E26], 납세자유형[B3:B26]을 이용하여 납세자유형별 납부연별 비율을 [표2]의 [L3:N4] 영역에 표시하시오.

- ▶ 납세자유형별 납부연별 비율 = 납세자유형별 납부연별 납부금액 합계 / 납부연별 납부금액 합계
- ▶ 계산된 결과는 백분율로 소수 이하 첫째짜리 표시 [표시 예 : 0.6345 → 63.5%]
- ▶ TEXT, SUMIFS 함수와 & 연산자 사용

05 [표1]의 세목명[C3:C26]과 최대 납부금액에 대한 납부일을 [표3]의 [L9:L15] 영역에 표시하시오.

- ▶ LARGE, VLOOKUP 함수를 이용한 배열 수식

해설

01 세원코드[A3:A26]

[A3] 셀에 =LOOKUP(B3,{"개인","법인"},{11,22})&"-"&SUBSTITUTE(F3,".","")&"-"&ROW()를 입력하고 [A26] 셀까지 수식을 복사한다.

> **함수 설명**
>
> ① LOOKUP(B3,{"개인","법인"},{11,22}) : [B3] 셀의 값을 개인, 법인에서 찾아 개인은 11, 법인은 22를 반환
> ② SUBSTITUTE(F3,".","") : [F3] 셀에서 .을 공백으로 바꿈
> ③ ROW() : 현재 행의 번호를 반환
>
> =①&"-"&②&"-"&③ : ①-②-③ 형식으로 표시

02 수납방법[H3:H26]

① [개발 도구]-[코드] 그룹의 [Visual Basic](🖳)을 클릭한다.
② [삽입]-[모듈]을 클릭한다.

③ Module 창에 다음과 같이 입력한다.

```
Public Function fn수납방법(납부일, 결제방법)
    If 결제방법 = "이체" Then
        fn수납방법 = Left(납부일, 4) & "전용계좌"
    ElseIf 결제방법 = "CARD" Then
        fn수납방법 = Left(납부일, 4) & "모바일앱"
    Else
        fn수납방법 = Left(납부일, 4) & "방문납부"
    End If
End Function
```

④ [파일]-[닫고 Microsoft Excel(으)로 돌아가기]를 클릭하여 [Visual Basic Editor]를 닫는다.
⑤ [H3] 셀을 클릭한 후 [함수 삽입](𝑓ₓ)을 클릭한다.
⑥ '범주 선택'에서 '사용자 정의', '함수 선택'에서 'fn수납방법'을 선택한 후 [확인]을 클릭한다.

⑦ 그림과 같이 셀을 지정한 후 [확인]을 클릭한다.

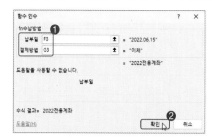

⑧ [H3] 셀을 선택한 후 [H26] 셀까지 수식을 복사한다.

03 기타[I3:I26]

[I3] 셀에 =IF(ISNUMBER(SEARCH("주택", D3)), "주택", " ")를 입력하고 [I26] 셀까지 수식을 복사한다.

💬 함수 설명

① SEARCH("주택", D3) : '주택'을 [D3] 셀에서 시작 위치 값을 구함
② ISNUMBER(①) : ①의 값이 숫자이면 TRUE 값을 반환

=IF(②, "주택", "") : ②의 값이 TRUE이면 '주택', 그 외는 공백으로 표시

04 납세자유형별 년별 비율[L3:N4]

[L3] 셀에 =TEXT(SUMIFS($E$3:$E$26,$B$3:$B$26,$K3,$F$3:$F$26,L$2&"*")/SUMIFS($E$3:$E$26,$F$3:$F$26,L$2&"*"),"0.0%")를 입력하고 [N4] 셀까지 수식을 복사한다.

💬 함수 설명

① SUMIFS($E$3:$E$26,$B$3:$B$26,$K3,$F$3:$F$26, L$2&"*") : [B3:B26] 영역에서 [K3]과 같고, [F3:F26] 영역에서 [L2]로 시작하는 값의 [E3:E26] 영역의 합계를 구함
② SUMIFS($E$3:$E$26,$F$3:$F$26,L$2&"*") : [F3:F26] 영역에서 [L2]로 시작하는 값을 찾아 [E3:E26] 영역의 합계를 구함

=TEXT(①/②,"0.0%") : ①/②의 결과 값을 0.0% 형식으로 표시

05 납부일[L9:L15]

[L9] 셀에 =VLOOKUP(LARGE(($C$3:$C$26=$K9)*($E$3:$E$26),1),$E$3:$F$26,2,0)를 입력하고 Ctrl + Shift + Enter 를 누른 후 [L15] 셀까지 수식을 복사한다.

💬 함수 설명

① ($C$3:$C$26=$K9)*($E$3:$E$26) : [C3:C26] 영역의 값이 [K9] 셀과 같으면 [E3:E26] 영역의 값을 반환
② LARGE(①,1) : ①의 값에서 첫 번째 값을 구함

=VLOOKUP(①,$E$3:$F$26,2,0) : ①의 값을 [E3:F26] 영역의 첫 번째 열에서 찾아 2번째 열의 값을 반환

계산작업 문제 03회

▶ 합격 강의

작업파일 [2025컴활1급₩3권_함수사전₩계산작업] 폴더의 '계산작업' 파일을 열어서 작업하시오.

	A	B	C	D	E	F	G	H	I	J	K	L
1	[표1]			❶			❹	[표4] 마라톤 완주자 기록표				
2	동	호수	수도사용량	전월사용량	그래프	수도요금		동번호	이름	코스구분	기록	
3	장미동	101	21	31	-1(◁)	22,890		4007	김현철	하프코스	1:45:32	
4	목련동	101	20	41	-2(◁◁)	14,800		4023	장민욱	하프코스	1:35:27	
5	동백동	203	35	25	1(▶)	73,150		4024	이주일	하프코스	1:25:48	
6	장미동	201	15	26	-1(◁)	11,100		4155	이경진	풀코스	1:54:49	
7	동백동	303	22	30	0()	23,980		4160	김장철	하프코스	1:43:20	
8	장미동	303	39	19	2(▶▶)	81,510		4304	송석기	풀코스	3:23:51	
9	목련동	202	42	31	1(▶)	87,780		4304	박두순	하프코스	1:44:56	
10	장미동	401	17	38	-2(◁◁)	12,580		4305	권수철	풀코스	2:25:14	
11	동백동	402	15	25	-1(◁)	11,100		4306	김인곤	하프코스	1:37:33	
12	장미동	502	20	22	0()	14,800		4313	정호성	하프코스	1:39:00	
13	목련동	303	20	29	0()	14,800		4320	박진수	하프코스	1:21:39	
14	동백동	501	29	19	1(▶)	31,610		4842	김영규	하프코스	1:55:04	
15	장미동	601	31	35	0()	64,790		4843	정태진	하프코스	1:45:16	
16	목련동	402	18	28	-1(◁)	13,320		4844	최양락	풀코스	2:45:39	
17												
18	[표2]		❷					[표5]			❺	
19	사용량		세대수					3위기록	1시간 35분 27초			
20	0~	20	7세대									
21	21~	30	3세대									
22	31~	100	4세대									
23												
24	[표3]		❸									
25	상위사용량평균		38.666667									
26												

▲ '계산작업3회' 시트

01 [표1]의 수도사용량과 전월사용량의 차이 값을 이용하여 그래프[E3:E16] 영역에 표시하시오.

▶ (수도사용량 – 전월사용량) /10 으로 나눈 정수만큼 '▶' 또는 '◁'와 함께 표시하시오.

▶ 차이값이 양수일 때 '▶', 음수일 때는 '◁'로 표시

▶ [표시 예 : 1 → 1(▶), −1 → −1(◁), 0 → 0()]

▶ TRUNC, IFERROR, REPT, ABS 함수와 & 연산자 이용

02 [표1]의 수도사용량을 이용하여 [표2]의 [C20:C22] 영역에 사용량의 따른 세대수를 표시하시오.

▶ [표시 예 : 3 → 3세대]

▶ COUNT, IF 함수와 & 연산자 이용한 배열 수식

03 [표1]의 수도사용량을 이용하여 [표3]의 [C25] 셀에 상위 1, 2, 3의 평균값을 계산하시오.

▶ AVERAGE, LARGE 함수와 배열 상수를 이용한 배열 수식

04 사용자 정의 함수 'fn수도요금'을 작성하여 [표1]의 [F3:F16] 영역에 수도요금을 계산하여 표시하시오.

▶ 'fn수도요금'은 수도사용량을 인수로 받아 수도요금을 계산하는 함수이다.

▶ 수도요금 = 수도사용량 × 부과금액

▶ 부과금액은 수도사용량이 20 이하이면 740원, 30 이하이면 1090원, 그 외는 2090원으로 계산하시오.

▶ Select Case 사용

```
Public Function fn수도요금(수도사용량)

End Function
```

05 [표4]의 기록[K3:K16] 중에서 3번째로 빠른 기록을 [I19] 셀에 찾아 표시하시오.

▶ [표시 예 : 1시간 10분 10초]

▶ HOUR, MINUTE, SECOND, SMALL 함수와 & 연산자 이용

해설

01 그래프[E3:E16]

[E3] 셀에 =TRUNC((C3-D3)/10)&"("&IFERROR(REPT("▶",(C3-D3)/10),REPT("◁",ABS((C3-D3)/10)))&")"를 입력하고 [E16] 셀까지 수식을 복사한다.

🔵 함수 설명

① **(C3-D3)/10** : (C3-D3)/10의 결과 값을 구함
② **REPT("▶",①)** : '▶'을 ① 만큼 반복하여 표시
③ **REPT("◁",ABS(①))** : '◁'를 ①의 값의 양수만큼 반복하여 표시
④ **IFERROR(②,③)** : ②의 값에 오류가 있을 때에는 ③을 표시

=TRUNC(①)&"("&④&")" : ①의 값을 정수로 표시하고 ( )와 ④를 연결하여 표시

02 세대수[C20:C22]

[C20] 셀에 =COUNT(IF(($C$3:$C$16>=A20)*($C$3:$C$16<= B20),1))&"세대"를 입력하고 [Ctrl]+[Shift]+[Enter]를 누른 후 [C22] 셀까지 수식을 복사한다.

🔵 함수 설명

① **($C$3:$C$16>=A20)*($C$3:$C$16<=B20)** : 수도사용량 [C3:C16]이 [A20] 셀보다 크거나 같고 [B20] 보다 작거나 같은 경우 TRUE 값을 반환
② **IF(①,1)** : ①의 값이 TRUE일 때 1을 반환

=COUNT(②)&"세대" : ② 값의 개수를 구한 후에 '세대'를 붙여서 표시

03 상위사용량평균[C25]

[C25] 셀에 =AVERAGE(LARGE(C3:C16,{1,2,3}))
를 입력하고, [Ctrl]+[Shift]+[Enter]를 눌러 완성한다.

> **함수 설명**
>
> ① LARGE(C3:C16,{1,2,3}) : 수도사용량[C3:C16]에서 상위
> 1, 2, 3의 값을 반환
>
> =AVERAGE(①) : ①의 평균값을 구함

04 수도요금[F3:F16]

① [개발 도구]-[코드] 그룹의 [Visual Basic](📷)
을 클릭한다.
② [삽입]-[모듈]을 클릭한다.
③ Module 창에 다음과 같이 입력한다.

```
Public Function fn수도요금(수도사용량)
    Select Case 수도사용량
        Case Is <= 20
            fn수도요금 = 수도사용량 * 740
        Case Is <= 30
            fn수도요금 = 수도사용량 * 1090
        Case Else
            fn수도요금 = 수도사용량 * 2090
    End Select
End Function
```

④ [파일]-[닫고 Microsoft Excel(으)로 돌아가
기]를 클릭하여 [Visual Basic Editor]를 닫는
다.
⑤ [F3] 셀을 클릭한 후 [함수 삽입](ƒₓ)을 클릭한
다.

⑥ '범주 선택'에서 '사용자 정의', '함수 선택'에서
'fn수도요금'을 선택한 후 [확인]을 클릭한다.
⑦ 그림과 같이 셀을 지정한 후 [확인]을 클릭한다.

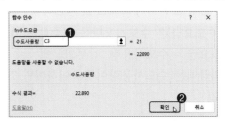

⑧ [F3] 셀을 선택한 후 [F16] 셀까지 수식을 복사
한다.

05 3위기록[I19]

[I19] 셀에 =HOUR(SMALL($K$3:$K$16,3))&"시
간 "&MINUTE(SMALL ($K$3:$K$16,3))&"분
"&SECOND(SMALL($K$3:$K$16,3))&"초"를 입
력한다.

> **함수 설명**
>
> ① SMALL($K$3:$K$16,3) : [K3:K16] 영역에서 3번째로 작
> 은 값을 구함
> ② HOUR(①) : ①의 값에서 시간 부분을 추출
> ③ MINUTE(①) : ①의 값에서 분을 추출
> ④ SECOND(①) : ①의 값에서 초를 추출
>
> =②&"시간 "&③&"분 "&④&"초" : ②시간 ③분 ④초 형식으로
> 표시

계산작업 문제 04회

작업파일 [2025컴활1급₩3권_함수사전₩계산작업] 폴더의 '계산작업' 파일을 열어서 작업하시오.

▶ 합격 강의

[표1]

	구분	자동차명	차량가	차량구매이력	할인구분	구매지역	월할부금❶	M포인트❷	탁송료❸
3	승용	아반테	15,700,000	1	이벤트	서울	₩453,120	471,000원	150,000
4	SUV	베뉴	16,890,000	2	이벤트	인천	₩487,460	506,700원	150,000
5	SUV	코나 Hybrid	23,650,000	4	계열사근무	수원	₩698,240	3,547,500원	200,000
6	수소/전기차	넥쏘	67,650,000	1	지원금	세종	₩1,997,290	13,530,000원	250,000
7	승용	쏘나타	25,470,000	0	이벤트	대전	₩735,090	764,100원	200,000
8	승용	아반테 Hybrid	21,990,000	2	계열사근무	평택	₩649,230	2,199,000원	200,000
9	SUV	코나	19,620,000	7	이벤트	전주	₩566,260	1,177,200원	150,000
10	SUV	싼타페	29,750,000	4	이벤트	당진	₩858,620	1,190,000원	200,000
11	승용	그랜저	33,030,000	5	계열사근무	울산	₩975,170	6,606,000원	250,000
12	SUV	싼타페 Hybrid	34,140,000	2	계열사근무	강릉	₩1,007,940	3,414,000원	250,000
13	승용	쏘나타 Hybrid	28,810,000	3	계열사근무	분당	₩850,580	4,321,500원	200,000
14	SUV	투싼	24,350,000	6	이벤트	의왕	₩702,770	1,217,500원	200,000
15	수소/전기차	아이오닉 5	46,950,000	2	지원금	안양	₩1,386,150	9,390,000원	250,000
16	SUV	팰리세이드	36,060,000	1	계열사근무	산본	₩1,064,630	3,606,000원	250,000
17	승용	그랜저 Hybrid	36,790,000	1	계열사근무	서울	₩1,086,180	3,679,000원	200,000
18	SUV	투싼 Hybrid	28,570,000	0	계열사근무	아산	₩843,500	2,857,000원	150,000

[표2] 할인율

구매이력		이벤트	계열사근무	지원금
0	2	3%	10%	20%
3	4	4%	15%	23%
5	6	5%	20%	25%
7		6%	25%	30%

[표3]

구분	비율❹
승용	38%
SUV	50%
수소/전기차	13%

[표4]

구분	이벤트	계열사근무	지원금❻
승용	20,585,000	30,155,000	-
SUV	22,652,500	30,605,000	-
수소/전기차	-	-	57,300,000

▲ '계산작업4회' 시트

01 [표1]의 차량가를 이용하여 월할부금[G3:G18]을 계산하여 표시하시오.

- ▶ 연이율은 할인구분이 "이벤트"이면 2.5%, 그 외에는 4%임
- ▶ 월할부금은 차량가를 연이율을 적용하여 36개월에 걸쳐 월말로 양수로 계산하여 표시
- ▶ 월할부금은 일의 자리에서 내림하여 표시
- ▶ ROUNDDOWN, PMT, IF 함수 사용

02 **[표1]의 차량가와 할인구분과 [표2]의 할인율을 참조하여 M포인트[H3:H18]을 계산하여 표시하시오.**

- ▶ M포인트 = 차량가 × 할인율
- ▶ 천 단위 구분 기호와 '원'을 붙여서 표시하시오. [표시 예 : 12000 → 12,000원, 0 → 0원]
- ▶ TEXT, VLOOKUP, MATCH 함수 사용

03 **사용자 정의 함수 'fn탁송료'를 작성하여 [표1]의 [I3:I18] 영역에 탁송료를 표시하시오.**

- ▶ 'fn탁송료'은 차량가와 구매지역을 인수로 받아 탁송료를 표시하시오.
- ▶ 탁송료는 차량가가 30,000,000 이상이고 구매지역이 서울이 아닌 경우는 250000, 차량가가 20,000,000 이하이거나 구매지역이 아산 또는 울산이면 150000, 그 외는 200000으로 표시하시오.
- ▶ IF 문 사용

```
Public Function fn탁송료(차량가, 구매지역)

End Function
```

04 **[표1]의 전체 구매건수에서 구분별 비율을 구하여 [표3]의 비율[H22:H24] 영역에 표시하시오.**

- ▶ COUNTIF, COUNTA 함수 사용

05 **[표1]의 구분과 할인구분을 이용하여 [표4]의 [B29:D31] 영역에 구분별 할인구분별 차량가의 평균을 표시하시오.**

- ▶ 평균값에 오류가 있을 때에는 0을 표시
- ▶ IFERROR, AVERAGE, IF 함수를 이용한 배열 수식

해설

01 월할부금[G3:G18]

[G3] 셀에 =ROUNDDOWN(PMT(IF(E3="이벤트",2.5%,4%)/12,36,-C3),-1)를 입력하고 [G18] 셀까지 수식을 복사한다.

💬 함수 설명

① IF(E3="이벤트",2.5%,4%) : [E3] 셀의 값이 '이벤트'이면 2.5%, 그 외는 4%
② PMT(2.5%/12,36,-C3) : 차량가[-C3]를 연 2.5%로 36개월 동안 납입할 월 납입액을 구함

=ROUNDDOWN(②,-1) : ②의 값을 일의 자리를 내림하여 표시

02 M포인트[H3:H18]

[H3] 셀에 =TEXT(C3*VLOOKUP(D3,$A$22:$E$25,MATCH(E3,$C$21:$E$21,0)+2),"#,##0원")를 입력하고 [H18] 셀까지 수식을 복사한다.

💬 함수 설명

① MATCH(E3,$C$21:$E$21,0) : 할인구분[E3]을 [C21:E21] 영역에서 정확하게 일치하는 상대적 위치값을 구함
② VLOOKUP(D3,$A$22:$E$25,①+2) : 차량구매이력[D3]을 [A22:E25] 영역의 첫 번째 열에서 찾아 ①+2의 열에서 값을 찾아 반환

=TEXT(C3*②,"#,##0원") : C3*②의 결과 값을 #,##0원 형식으로 표시

⑱ 탁송료[I3:I18]

① [개발 도구]–[코드] 그룹의 [Visual Basic](📋) 을 클릭한다.
② [삽입]–[모듈]을 클릭한다.
③ Module 창에 다음과 같이 입력한다.

```
Public Function fn탁송료(차량가, 구매지역)
    If 차량가 >= 30000000 And 구매지역 <> "서울"
    Then
        fn탁송료 = 250000
    ElseIf 차량가 <= 20000000 Or 구매지역 = "아산"
    Or 구매지역 = "울산" Then
        fn탁송료 = 150000
    Else
        fn탁송료 = 200000
    End If
End Function
```

④ [파일]–[닫고 Microsoft Excel(으)로 돌아가기]를 클릭하여 [Visual Basic Editor]를 닫는다.
⑤ [I3] 셀을 클릭한 후 [함수 삽입](📗)을 클릭한다.
⑥ '범주 선택'에서 '사용자 정의', '함수 선택'에서 'fn탁송료'를 선택한 후 [확인]을 클릭한다.
⑦ 그림과 같이 셀을 지정한 후 [확인]을 클릭한다.

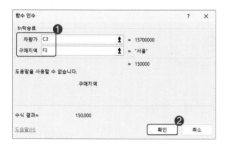

⑧ [I3] 셀을 선택한 후 [I18] 셀까지 수식을 복사한다.

⑭ 비율[H22:H24]

[H22] 셀에 =COUNTIF($A$3:$A$18,G22)/COUNTA($A$3:$A$18)를 입력하고 [H24] 셀까지 수식을 복사한다.

> 🗨 함수 설명

① COUNTIF($A$3:$A$18,G22) : 구분[A3:A18] 영역에서 [G22]셀과 같은 개수를 구함
② COUNTA($A$3:$A$18) : [A3:A18] 영역의 개수를 구함

=①/② : ①/②의 결과 값을 표시

⑮ 차량가의 평균[B29:D31]

[B29] 셀에 =IFERROR(AVERAGE(IF(($A$3:$A$18=$A29)*($E$3:$E$18=B$28),$C$3:$C$18)),0)를 입력하고 Ctrl + Shift + Enter 를 누른 후 [D31] 셀까지 수식을 복사한다.

> 🗨 함수 설명

① ($A$3:$A$18=$A29)*($E$3:$E$18=B$28) : 구분[A3:A18]이 [A29] 셀과 같고 할인구분[E3:E18]이 [B28]과 같은 경우 TRUE 값을 반환
② IF(①,$C$3:$C$18) : ①의 값이 TRUE일 때 [C3:C18] 영역의 값이 반환됨
③ AVERAGE(②) : ②의 평균값을 구함

=IFERROR(③,0) : ③의 결과에 오류 값이 표시된다면 0을 표시

계산작업 문제 05회

작업파일 [2025컴활1급₩3권_함수사전₩계산작업] 폴더의 '계산작업' 파일을 열어서 작업하시오.

	A	B	C	D	E	F	G
1	[표1]		❶		❷		❺
2	상품코드	가입나이	상품명-성별	가입금액	납입기간	미납기간	가입상태
3	AW	54 세	표준형-여자	31,500	13	0	정상
4	PM	24 세	선택형-남자	11,200	23	1	1개월 미납
5	AM	59 세	표준형-남자	25,000	39	0	정상
6	PW	18 세	선택형-여자	11,200	23	0	정상
7	AM	26 세	표준형-남자	10,840	15	0	정상
8	PM	42 세	선택형-남자	21,400	24	2	2개월 미납
9	PW	55 세	선택형-여자	32,400	9	0	정상
10	AW	56 세	표준형-여자	31,500	19	0	정상
11	AM	17 세	표준형-남자	9,800	17	0	정상
12	AW	24 세	표준형-여자	12,600	21	1	1개월 미납
13	AW	43 세	표준형-여자	29,000	64	0	정상
14	AM	39 세	표준형-남자	13,900	32	0	정상
15	PM	44 세	선택형-남자	21,400	17	1	1개월 미납
16	AM	42 세	표준형-남자	20,700	6	0	정상
17	PW	44 세	선택형-여자	30,500	28	1	1개월 미납
18	AW	32 세	표준형-여자	17,500	72	0	정상
19	PM	14 세	선택형-남자	10,200	11	0	정상
20	AW	14 세	표준형-여자	10,600	8	0	정상
21	PW	35 세	선택형-여자	18,500	21	2	2개월 미납
22	PM	55 세	선택형-남자	25,800	11	0	정상
23	AW	34 세	표준형-여자	17,500	27	2	2개월 미납
24	AM	57 세	표준형-남자	25,000	46	0	정상
25	PM	38 세	선택형-남자	14,300	37	0	정상
26	PW	23 세	선택형-여자	13,000	15	0	정상

[표2] 보험상품코드 분류

상품코드	상품명	성별
AM	표준형	남자
AW	표준형	여자
PM	선택형	남자
PW	선택형	여자

[표3] 가입나이대별 가입자수 ❸

가입나이대		가입자수
10세 ~	19세	04명
20세 ~	29세	04명
30세 ~	39세	05명
40세 ~	49세	05명
50세 ~	59세	06명
60세 ~	69세	미가입

[표4] 상품코드 및 가입나이별 가입금액

	10세 이상 20세 미만	20세 이상 30세 미만	30세 이상 40세 미만	40세 이상 50세 미만	50세 이상 60세 미만	60세 이상 70세 미만
AM	9,800	10,840	13,900	20,700	25,000	28,100
AW	10,600	12,600	17,500	29,000	31,500	32,800
PM	10,200	11,200	14,300	21,400	25,800	29,000
PW	11,200	13,000	18,500	30,500	32,400	35,300

[표5] 상품코드 및 가입나이별 평균 납입기간 ❹

상품코드	10세 이상 20세 미만	20세 이상 30세 미만	30세 이상 40세 미만	40세 이상 50세 미만	50세 이상 60세 미만	60세 이상 70세 미만
AM	17.00	15.00	32.00	6.00	42.50	
AW	8.00	21.00	49.50	64.00	16.00	
PM	11.00	23.00	37.00	20.50	11.00	
PW	23.00	15.00	21.00	28.00	9.00	

▲ '계산작업5회' 시트

01 [표1]의 상품코드를 이용하여 상품명－성별[C3:C26]을 표시하시오.

- ▶ 상품명은 상품코드가 A로 시작하면 '표준형', P로 시작하면 '선택형'
- ▶ 성별은 상품코드가 M으로 끝나면 '남자', W로 끝나면 '여자'
- ▶ 상품명과 성별 사이에 '－' 기호를 추가하여 표시 [표시 예 : 표준형－여자]
- ▶ CONCAT, SWITCH, LEFT, RIGHT 함수 사용

02 [표1]의 상품코드, 가입나이와 [표4]를 이용하여 가입금액[D3:D26]을 표시하시오.

- ▶ 가입금액은 상품코드와 가입나이로 [표4]를 참조
- ▶ INDEX, XMATCH 함수 사용

03 [표1]의 가입나이와 [표3]을 이용하여 가입나이대별 가입자수를 [표3]의 [O4:O9] 영역에 표시하시오.

- ▶ 가입자수가 0보다 큰 경우 계산된 값을 두 자리 숫자로 뒤에 '명'을 추가하여 표시하고, 그 외는 '미가입'으로 표시 [표시 예 : 0 → 미가입, 8 → 08명]
- ▶ FREQUENCY, TEXT 함수를 이용한 배열 수식

④ [표1]의 가입나이, 상품코드, 납입기간을 이용하여 상품코드별 가입나이별 평균 납입기간을 [표5]의 [J22:O25] 영역에 계산하시오.

- ▶ 단, 오류 발생시 공백으로 표시
- ▶ AVERAGE, IF, IFERROR 함수를 이용한 배열 수식

⑤ 사용자 정의 함수 'fn가입상태'를 작성하여 [표1]의 가입상태[G3:G26]을 표시하시오.

- ▶ 'fn가입상태'는 납입기간, 미납기간을 인수로 받아 값을 되돌려줌
- ▶ 미납기간이 납입기간 이상이면 '해지예상', 미납기간이 납입기간 미만인 경우 중에서 미납기간이 0이면 '정상', 미납기간이 2 초과하면 '휴면보험', 그 외는 미납기간과 '개월 미납'을 연결하여 표시 [표시 예 : 1개월 미납]
- ▶ If 문, & 연산자 사용

```
Public Function fn가입상태(납입기간, 미납기간)

End Function
```

해설

① 상품명-성별[C3:C26]

[C3] 셀에 =CONCAT(SWITCH(LEFT(A3,1),"A", "표준형","P","선택형"),"-",SWITCH(RIGHT(A3, 1),"M","남자","W","여자"))를 입력하고 [C26] 셀까지 수식을 복사한다.

💬 **함수 설명**

① LEFT(A3,1) : [A3] 셀에서 왼쪽의 1글자를 추출함
② SWITCH(①,"A","표준형","P","선택형") : ①의 값이 'A'이면 '표준형', 'P'이면 '선택형'
③ RIGHT(A3,1) : [A3] 셀에서 오른쪽의 1글자를 추출함
④ SWITCH(③,"M","남자","W","여자") : ③의 값이 'M'이면 '남자', 'W'이면 '여자'

=CONCAT(②,"-",④) : ②-④로 표시

② 가입금액[D3:D26]

[D3] 셀에 =INDEX($J$14:$O$17,XMATCH(A3, $I$14:$I$17,0),XMATCH(B3,$J$12:$O$12,-1))를 [D26] 셀까지 수식을 복사한다.

💬 **함수 설명**

① XMATCH(A3,$I$14:$I$17,0) : 상품코드[A3]을 [I14:I17] 영역에서 정확하게 일치하는 상대적 위치 값을 반환
② XMATCH(B3,$J$12:$O$12,-1) : 가입나이[B3]을 [J12:O12] 영역에서 정확하게 일치하거나 다음으로 작은 항목의 위치 값을 반환

| (...)0 - 정확히 일치 |
| (...)-1 - 정확히 일치하거나 다음으로 작은 항목 |
| (...)1 - 정확히 일치하거나 다음으로 큰 항목 |
| (...)2 - 와일드카드 문자 일치 |

=INDEX($J$14:$O$17,①,②) : [J14:O17] 영역의 ① 행과 ② 열에 교차하는 값을 반환

03 가입자수[O4:O9]

[O4:O9] 영역을 범위 지정한 후 =TEXT(FREQUENCY
(B3:B26,N4:N9),"[>0]00명;미가입")를 입력한 후
Ctrl + Shift + Enter 를 누른다.

💬 함수 설명

① FREQUENCY(B3:B26,N4:N9) : 가입나이[B3:B26]를
[N4:N9]영역의 나이대별 가입수를 구함
② TEXT(①,"00명") : ①의 값을 '00명' 형식으로 표시

=TEXT(①,"[>0]00명;미가입") : ①의 값이 0보다 크면 ②,
그 외는 '미가입'으로 표시

04 납입기간[J22:O25]

[J22] 셀에 =IFERROR(AVERAGE(IF(($A$3:$A
$26=I22)*($B$3: $B$26)>=J$20)*($B$3:$B$26
<J$21),$E$3:$E$26)),"")를 입력하고 Ctrl + Shift
+ Enter 를 누른 후 [O25] 셀까지 수식을 복사한다.

💬 함수 설명

① ($A$3:$A$26=I22)*($B$3:$B$26)>=J$20)*($B$3:$B$26
<J$21) : 상품코드[A3:A26]이 [I22]와 같고 가입나이[B3:
B26]이 [J20]보다 크거나 같고 [J21]보다 작은 경우 TRUE
값을 반환
② IF(①,$E$3:$E$26) : ①의 값이 TRUE이면 납입기간[E3:
E26] 값을 반환함
③ AVERAGE(②) : ②의 평균값을 구함

=IFERROR(③,"") : ③의 값에 오류가 있다면 공백("")으로 표
시

05 가입상태[G3:G26]

① [개발 도구]-[코드] 그룹의 [Visual Basic](📖)
을 클릭한다.
② [삽입]-[모듈]을 클릭한다.
③ Module 창에 다음과 같이 입력한다.

```
Public Function fn가입상태(납입기간, 미납기간)
    If 미납기간 >= 납입기간 Then
        fn가입상태 = "해지예상"
    ElseIf 미납기간 = 0 Then
        fn가입상태 = "정상"
    ElseIf 미납기간 > 2 Then
        fn가입상태 = "휴면보험"
    Else
        fn가입상태 = 미납기간 & "개월 미납"
    End If
End Function
```

④ [파일]-[닫고 Microsoft Excel(으)로 돌아가
기]를 클릭하여 [Visual Basic Editor]를 닫는
다.
⑤ [G3] 셀을 클릭한 후 [함수 삽입](𝑓ₓ)을 클릭한
다.
⑥ '범주 선택'에서 '사용자 정의', '함수 선택'에서
'fn가입상태'를 선택한 후 [확인]을 클릭한다.
⑦ 그림과 같이 셀을 지정한 후 [확인]을 클릭한다.

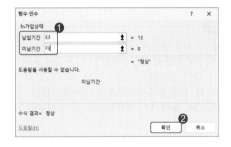

⑧ [G3] 셀을 선택한 후 [G26] 셀까지 수식을 복사
한다.

계산작업 문제 06회

작업파일 [2025컴활1급₩3권_함수사전₩계산작업] 폴더의 '계산작업' 파일을 열어서 작업하시오.

	A	B	C	D	E	F	G	H	I	J	K	L
1	[표1]				❶		❷				❸	
2	수강신청	강좌명	평가점수	항목	반영점수	비고		[표2] 과목별 수강 신청인원				
3	김현철	영어-초급	95	과제	23.75	우수		과목	초급	중급	고급	
4	장민욱	영어-초급	87	발표	21.75	우수		영어	2	3	1	
5	이주일	영어-고급	89	시험	44.5	최우수		국어	2	2	1	
6	이경진	영어-중급	93	시험	46.5	최우수		과학	2	2	1	
7	김장철	수학-초급	82	발표	12.3			수학	2	2	2	
8	송석기	수학-중급	91	발표	13.65	우수						
9	박두순	수학-고급	89	시험	62.3	최우수		[표3] 과목별 항목별 반영비율				
10	권수철	수학-초급	75	과제	11.25			과목	과제	발표	시험	
11	김인곤	국어-초급	88	과제	26.4	우수		영어	25%	25%	50%	
12	정호성	국어-초급	90	발표	27	우수		국어	30%	30%	40%	
13	박진수	국어-중급	81	시험	32.4	우수		과학	20%	20%	60%	
14	김영규	국어-고급	76	과제	22.8			수학	15%	15%	70%	
15	정태진	과학-초급	92	과제	18.4	우수						
16	최양락	국어-중급	93	시험	37.2	최우수		[표4]			❹	
17	김상용	수학-고급	87	시험	60.9	최우수		평가점수의 분석		평균(85), 표준편차(6)		
18	김영철	영어-중급	79	시험	39.5	우수						
19	강호진	과학-중급	82	시험	49.2	최우수		[표5]		❺		
20	안석순	수학-중급	83	발표	12.45			과목	상위3의 평균			
21	김동일	과학-고급	73	시험	43.8	우수		영어	92			
22	서진규	과학-초급	95	과제	19	우수		국어	90			
23	이진철	영어-중급	81	시험	40.5	최우수		과학	92			
24	하정우	과학-중급	90	과제	18	우수		수학	89			
25												

▲ '계산작업6회' 시트

❶ [표1]의 강좌명과 [표3]의 과목별 항목별 반영비율을 이용하여 반영점수[E3:E24] 영역에 계산하여 표시하시오.

▶ 반영점수 = 평가점수 × 반영비율
▶ VLOOKUP, LEFT, MATCH 함수 이용

02 사용자 정의 함수 'fn비고'를 작성하여 [표1]의 비고[F3:F24]를 표시하시오.

▶ 'fn비고'는 평가점수, 반영점수를 인수로 받아 값을 되돌려줌

▶ 비고는 (평가점수+반영점수) × 0.25 의 값이 30 이상이면 '최우수', 25 이상이면 '우수', 그 외는 공백으로 표시하시오.

▶ Select Case 문 사용

```
Public Function fn비고(평가점수, 반영점수)
End Function
```

03 [표1]의 강좌명을 이용하여 [표2]의 [I4:K7] 영역에 과목별 초급, 중급, 고급의 신청인원을 표시하시오.

▶ COUNT, FIND 함수를 이용한 배열 수식

04 [표1]의 평가점수를 이용하여 평균과 표준편차를 정수로 [J17] 셀에 [예시]와 같이 표시하시오.

▶ [예시] : 평균(88), 표준편차(5)

▶ TRUNC, AVERAGE, STDEV.S 함수와 & 연산자 이용

05 [표1]의 강좌명과 평가점수를 이용하여 과목별 평가점수 상위 1, 2, 3의 평균을 반올림하여 정수로 [표5]의 [I21:I24] 영역에 계산하여 표시하시오.

▶ ROUND, AVERAGE, LARGE, LEFT 함수와 배열 상수를 이용한 배열 수식

해설

01 반영점수[E3:E24]

[E3] 셀에 =C3*VLOOKUP(LEFT(B3,2),$H$11:$K$14,MATCH (D3,$I$10:$K$10,0)+1,FALSE)를 입력하고 [E24] 셀까지 수식을 복사한다.

함수 설명

① MATCH(D3,$I$10:$K$10,0) : 항목[D3]이 [I10:K10] 영역에서 정확하게 일치하는 상대적 위치를 구함
② LEFT(B3,2) : 강좌명[B3]에서 왼쪽에서부터 시작하여 2글자를 추출함
③ VLOOKUP(②,$H$11:$K$14,①+1,FALSE) : ②의 값을 [H11:K14] 영역의 첫 번째 열에서 찾아 ①+1의 열에서 정확하게 일치하는 값을 반환함

=C3*③ : C3*③의 결과 값을 표시

02 비고[F3:F24]

① [개발 도구]-[코드] 그룹의 [Visual Basic](🖼)을 클릭한다.
② [삽입]-[모듈]을 클릭한다.
③ Module 창에 다음과 같이 입력한다.

```
Public Function fn비고(평가점수, 반영점수)
Select Case (평가점수 + 반영점수) * 0.25
    Case Is >= 30
        fn비고 = "최우수"
    Case Is >= 25
        fn비고 = "우수"
    Case Else
        fn비고 = ""
End Select
End Function
```

④ [파일]-[닫고 Microsoft Excel(으)로 돌아가기]를 클릭하여 [Visual Basic Editor]를 닫는다.

⑤ [F3] 셀을 클릭한 후 [함수 삽입](*f*)을 클릭한다.

⑥ '범주 선택'에서 '사용자 정의', '함수 선택'에서 'fn비고'를 선택한 후 [확인]을 클릭한다.

⑦ 그림과 같이 셀을 지정한 후 [확인]을 클릭한다.

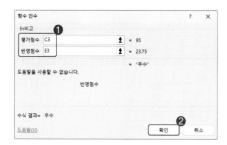

⑧ [F3] 셀을 선택한 후 [F24] 셀까지 수식을 복사한다.

⓪③ 신청인원[I4:K7]

[I4] 셀에 =COUNT((FIND($H4,$B$3:$B$24))*(FIND(I$3,$B$3:$B$24)))를 입력하고 Ctrl+Shift+Enter를 누른 후 [K7] 셀까지 수식을 복사한다.

💬 함수 설명

① FIND($H4,$B$3:$B$24) : [H4] 셀의 내용을 [B3:B24] 영역에서 시작하는 위치 값을 숫자로 반환
② FIND(I$3,$B$3:$B$24) : [I3] 셀의 내용을 [B3:B24] 영역에서 시작하는 위치 값을 숫자로 반환

=COUNT(①*②) : ①*②의 결과 값의 개수를 구함

⓪④ 평균과 표준편차[J17]

[J17] 셀에 ="평균("&TRUNC(AVERAGE(C3:C24))&"), 표준편차("&TRUNC(STDEV.S(C3:C24))&")"를 입력한다.

💬 함수 설명

① AVERAGE(C3:C24) : [C3:C24] 영역의 평균을 구함
② STDEV.S(C3:C24) : [C3:C24] 영역의 표준편차를 구함

="평균("&TRUNC(①)&"), 표준편차("&TRUNC(②)&")" : 평균(①의 정수), 표준편차(②의 정수)

⓪⑤ 상위 1~3 평균[I21:I24]

[I21] 셀에 =ROUND(AVERAGE(LARGE((LEFT($B$3:$B$24,2)= H21)*C$3:$C$24,{1,2,3})),0)를 입력하고 Ctrl+Shift+Enter를 누른 후 [I24] 셀까지 수식을 복사한다.

💬 함수 설명

① LEFT($B$3:$B$24,2) : [B3:B24] 셀의 왼쪽의 2글자를 추출
② ①=H21*$C$3:$C$24 : ①의 조건에 만족한 데이터 [C3:C24] 영역의 값을 반환
③ LARGE(②,{1,2,3}) : ②의 값의 상위 1, 2, 3의 값을 반환
④ AVERAGE(③) : ③의 평균값을 구함

=ROUND(④,0) : ④의 값을 반올림하여 정수로 표시

작업파일 [2025컴활1급₩3권_함수사전₩계산작업] 폴더의 '계산작업' 파일을 열어서 작업하시오.

	A	B	C	D	E	F	G	H	I	J	K	L	M	N	O	P
1	[표1]		①			②				③		[표2]				
2	상품코드	상품명	배송비	구매처	리뷰	리뷰평가	맛	가격	포장	평점		코드	S	M	L	
3	AS	녹차소형	유	나이버	126	관심	4	4.5	3.5	★★★★☆		A	녹차소형	녹차중형	녹차대형	
4	BS	홍차소형	무	나이버	85		4	4	3	★★★☆☆		B	홍차소형	홍차중형	홍차대형	
5	CS	카모마일소형	무	구팡	66		4	5	5	★★★★☆		C	카모마일소형	카모마일중형	카모마일대형	
6	DS	페퍼민트소형	유	구팡	79		4.5	3	4	★★★☆☆		D	페퍼민트소형	페퍼민트중형	페퍼민트대형	
7	ES	루이보스소형	무	나이버	126	관심	4	4	5	★★★★☆		E	루이보스소형	루이보스중형	루이보스대형	
8	FS	얼그레이소형	유	구팡	90		3	2	4	★★☆☆☆		F	얼그레이소형	얼그레이중형	얼그레이대형	
9	AM	녹차중형	유	나이버	174	관심	4	4	5	★★★★☆						
10	BM	홍차중형	무	나이버	71		3	3.5	2	★★★☆☆		[표3]				
11	CM	카모마일중형	무	나이버	54		5	5	3	★★★★☆				가중치		
12	DM	페퍼민트중형	무	나이버	75		3	4	4	★★★☆☆		맛		40%		
13	EM	루이보스중형	유	구팡	75		4.5	2.5	3	★★★☆☆		가격		40%		
14	FM	얼그레이중형	무	구팡	155	관심	3.5	4.5	3	★★★☆☆		포장		20%		
15	AL	녹차대형	무	나이버	129	관심	4	3	4	★★★☆☆						
16	BL	홍차대형	유	구팡	114	관심	3	3	4.5	★★★☆☆		[표4]				
17	CL	카모마일대형	무	나이버	198	관심	4.5	3	5	★★★★☆			상품 리뷰		리뷰수	④
18	DL	페퍼민트대형	무	구팡	85		4	4	2	★★★☆☆		0이상		59이하	♥	
19	EL	루이보스대형	유	구팡	60		3.5	3	4	★★★☆☆		60초과		79이하	♥♥♥♥♥	
20	FL	얼그레이대형	무	구팡	62		3.5	3	3	★★★☆☆		80초과		99이하	♥♥♥	
21	AL	녹차대형	유	나이버	104	관심	4	4	3	★★★☆☆		100초과		149이하	♥♥	
22	BM	홍차중형	무	나이버	197	관심	5	3	2.5	★★★☆☆		150초과			♥♥♥♥	
23	CS	카모마일소형	유	구팡	81		3.5	3	5	★★★☆☆						
24	DM	페퍼민트중형	무	나이버	171	관심	3.5	4	4	★★★☆☆		[표5]				⑤
25	EL	루이보스대형	유	구팡	103	관심	4	3	2	★★★☆☆		배송비		나이버	구팡	
26	FS	얼그레이소형	유	나이버	77		3.5	3	5	★★★☆☆		유		3/25	7/25	
27	CL	카모마일대형	무	구팡	50		3.5	4.5	2.5	★★★☆☆		무		9/25	5/25	
28																

▲ '계산작업7회' 시트

01 [표1]의 상품코드[A3:A27]와 [표2]를 이용하여 상품명[B3:B27]을 표시하시오.

▶ 상품코드의 첫 번째 문자는 코드, 마지막 문자는 사이즈를 표시
▶ [표2]를 참조하여 코드와 사이즈에 해당한 상품명을 검색
▶ INDEX, MATCH, RIGHT 함수 사용

02 사용자 정의 함수 'fn리뷰평가'를 작성하여 [표1]의 리뷰평가[F3:F27]을 표시하시오.

▶ 'fn리뷰평가' 함수는 맛, 가격, 리뷰를 인수로 받아 리뷰평가를 계산하여 되돌려 줌
▶ 맛과 가격 점수를 더한 값이 10이면 총점은 5, 10 미만 7 이상이면 총점은 4, 7 미만이면 5 이상이면 총점은 3, 그 외는 0으로 계산
▶ 총점이 3 이상이고 리뷰가 100 이상이면 리뷰평가는 '관심', 그 외에는 공백으로 표시
▶ SELECT CASE와 IF문을 이용

```
Public Function fn리뷰평가(맛, 가격, 리뷰)

End Function
```

03 [표1]의 맛, 가격, 포장과 [표3]을 참조하여 평점을 계산하여 [J3:J27] 영역에 표시하시오.

- ▶ 총점은 맛, 가격, 포장을 [표3]의 가중치에 각각 곱한 값을 더한 정수값
- ▶ 평점은 총점만큼 '★'을 표시하고, 그 외는 5에서 총점을 뺀 만큼 '☆'로 표시
  [표시 예 : 총점 3 → ★★★☆☆]
- ▶ REPT, INT, SUMPRODUCT, TRANSPOSE 함수와 & 연산자 사용

04 [표1]의 상품코드[A3:A27]과 리뷰[E3:E27]를 이용하여 상품 리뷰에 따른 리뷰수를 [표4]의 [N18:N22] 영역에 표시하시오.

- ▶ 상품코드의 마지막 문자가 S 또는 M인 경우에 대해서만 리뷰수를 계산
- ▶ 리뷰수만큼 '♥'를 반복하여 표시 [표시 예 : 리뷰수 2 → ♥♥]
- ▶ REPT, FREQUENCY, IF, RIGHT 함수를 이용한 배열 수식

05 [표1]의 배송비[C3:C27]와 구매처[D3:D27]를 이용하여 구매처별 배송비 유무를 [M26:N27] 영역에 표시하시오.

- ▶ [표시 예 : 구매처별 배송비 3건, 전체 건수 20건 → 3/20]
- ▶ CONCAT, SUM, IF, COUNTA 함수를 이용한 배열 수식

해설

01 상품명[B3:B27]

[B3] 셀에 =INDEX($M$3:$O$8,MATCH(A3, $L$3:$L$8,1),MATCH(RIGHT(A3,1),$M$2: $O$2,0))를 입력하고 [B27] 셀까지 수식을 복사한다.

> **함수 설명**
> ① RIGHT(A3,1) : [A3] 셀의 오른쪽 한 글자를 추출
> ② MATCH(①,$M$2:$O$2,0) : ①의 값을 [M2:O2] 영역에서 정확하게 일치한 상대적인 위치 값을 구함
> ③ MATCH(A3, $L$3:$L$8,1) : [A3]의 값을 [L3:L8] 영역에서 상대적인 위치 값을 구함(오름차순)
>
> =INDEX($M$3:$O$8,③,②) : [M3:O8] 영역에서 ③번째 행과 ②번째 열에 교차하는 값을 구함

02 리뷰평가[F3:F27]

① [개발 도구]-[코드] 그룹의 [Visual Basic](📋)을 클릭한다.
② [삽입]-[모듈]을 클릭한다.

③ Module 창에 다음과 같이 입력한다.

```
Public Function fn리뷰평가(맛, 가격, 리뷰)
    Select Case 맛 + 가격
        Case 10
            총점 = 5
        Case Is >= 7
            총점 = 4
        Case Is >= 5
            총점 = 3
        Case Else
            총점 = 0
    End Select

    If 총점 >= 3 And 리뷰 >= 100 Then
        fn리뷰평가 = "관심"
    Else
        fn리뷰평가 = ""
    End If
End Function
```

④ [파일]-[닫고 Microsoft Excel(으)로 돌아가기]를 클릭하여 [Visual Basic Editor]를 닫는다.

⑤ [F3] 셀을 클릭한 후 [함수 삽입](ƒₓ)을 클릭한다.

⑥ '범주 선택'에서 '사용자 정의', '함수 선택'에서 'fn리뷰평가'를 선택한 후 [확인]을 클릭한다.

⑦ 그림과 같이 셀을 지정한 후 [확인]을 클릭한다.

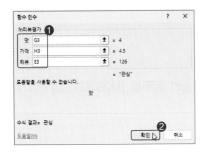

⑧ [F3] 셀을 선택한 후 [F27] 셀까지 수식을 복사한다.

03 평점[J3:J27]

[J3] 셀에 =REPT("★", INT(SUMPRODUCT(G3:I3, TRANSPOSE($M$12:$M$14))))&REPT("☆", 5-INT(SUMPRODUCT(TRANSPOSE(G3:I3), $M$12:$M$14)))를 입력하고 [J27] 셀까지 수식을 복사한다.

🗨 함수 설명

① TRANSPOSE($M$12:$M$14) : [M12:M14] 영역의 값을 행과 열을 바꿈
② SUMPRODUCT(G3:I3, ①) : [G3:I3] 영역의 값과 ①의 값을 각각 곱하여 더한 값을 구함
③ INT(②) : ②의 값을 정수로 표시
④ REPT("★", ③) : '★'을 ③의 개수만큼 반복하여 표시
⑤ REPT("☆", 5-③) : '☆'을 5-③의 개수만큼 반복하여 표시

=④&⑤ : ④와⑤를 연결하여 표시

04 리뷰수[N18:N22]

[N18:N22] 영역을 범위 지정한 후 =REPT("♥", FREQUENCY(IF((RIGHT($A$3:$A$26,1)="S")+(RIGHT($A$3:$A$26,1)="M"),$E$3:$E$26), $M$18:$M$22))을 입력하고 [Ctrl]+[Shift]+[Enter]를 누른다.

🗨 함수 설명

① (RIGHT($A$3:$A$26,1)="S") : [A3:A26] 영역에서 오른쪽 한 글자를 추출한 값이 'S'와 같으면 TRUE 값 반환
② (RIGHT($A$3:$A$26,1)="M") : [A3:A26] 영역에서 오른쪽 한 글자를 추출한 값이 'M'와 같으면 TRUE 값 반환
③ IF(①+②,$E$3:$E$26) : ① 또는 ②의 값이 TRUE이면 [E3:E26] 영역의 값을 반환
④ FREQUENCY(③,$M$18:$M$22)) : ③의 값이 [M18:M22] 영역에서의 빈도수를 구함

=REPT("♥",④) : '♥'를 ④의 개수만큼 반복하여 표시

05 배송비유무별 구매처 개수[M26:N27]

[M26] 셀에 =CONCAT(SUM(IF(($C$3:$C$26=$L26)*($D$3:$D$26=M$25),1)),"/",COUNTA($C$3:$C$26))를 입력하고 [Ctrl]+[Shift]+[Enter]를 누른 후 [N27] 셀까지 수식을 복사한다.

🗨 함수 설명

① ($C$3:$C$26=$L26) : [C3:C26] 영역의 값이 [L26] 셀과 같으면 TRUE 값 반환
② ($D$3:$D$26=M$25) : [D3:D26] 영역의 값이 [M25] 셀과 같으면 TRUE 값 반환
③ IF(①*②,1) : ① 과 ② 모두 TRUE이면 1의 값을 반환
④ COUNTA($C$3:$C$26) : [C3:C26] 영역의 개수를 구함

=CONCAT(SUM(③),"/",④) : ③의 합계 / ④을 모두 연결하여 표시

계산작업 문제 08회

작업파일 [2025컴활1급₩3권_함수사전₩계산작업] 폴더의 '계산작업' 파일을 열어서 작업하시오.

	A	B	C	D	E	F	G
1	[표1]						
2	상품코드	회사명 ❹	이름	매출액(단위:백만원) ❶	변경상품코드	생산공장 ❷	비고 ❸
3	IC-LJ101-1	롯데제과	월드콘	33,387	IC-LJ101-1	대구	★Top2
4	IC-LF203-4	롯데푸드	빠삐코	20,021	IC-LF203-4	천안	
5	IC-BG404-2	빙그레	비비빅	18,785	IC-BH404-2	논산	
6	IC-BG403-2	빙그레	메로나	32,905	IC-BH403-2	논산	★Top4
7	IC-LJ102-3	롯데제과	더블비얀코	15,714	IC-LJ102-3	양산	
8	IC-HT301-1	해태제과	쌍쌍바	22,800	IC-BH301-1	대구	
9	IC-BG402-2	빙그레	붕어싸만코	32,908	IC-BH402-2	논산	★Top3
10	IC-HT302-1	해태제과	부라보	20,366	IC-BH302-1	대구	
11	IC-LF202-4	롯데푸드	빵빠레	22,093	IC-LF202-4	천안	
12	IC-LJ103-3	롯데제과	설레임	14,772	IC-LJ103-3	양산	
13	IC-BG401-2	빙그레	투게더	36,466	IC-BH401-2	논산	★Top1
14	IC-BG405-2	빙그레	빵또아	13,921	IC-BH405-2	논산	
15	IC-LF201-4	롯데푸드	구구	27,905	IC-LF201-4	천안	★Top5
16	IC-HT303-1	해태제과	바밤바	12,649	IC-BH303-1	대구	
17							
18	[표2]					[표3]	
19	회사명	회사코드1	회사코드2	매출액합계 ❺		코드	지역
20	빙그레(해태)	BG	HT	190,800백만원		1	대구
21	롯데그룹	LJ	LF	133,892백만원		2	논산
22						3	양산
23						4	천안
24							

▲ '계산작업8회' 시트

01 [표1]의 상품코드를 이용하여 변경상품코드[E3:E16] 영역에 표시하시오.

▶ 상품코드의 4~5번째 코드가 'BG' 이거나 'HT'이면 'BH'로 변경하고 나머지는 그대로 표시

▶ [표시 예 : IC-BG404-2 → IC-BH404-2, IC-LJ101-1 → IC-LJ101-1]

▶ IF, OR, MID, REPLACE 함수 이용

02 [표1]의 상품코드와 [표3]을 참조하여 생산공장[F3:F16] 영역에 표시하시오.

▶ 상품코드의 마지막 숫자가 1이면 '대구', 2이면 '논산', 3이면 '양산', 4이면 '천안'으로 표시

▶ IFS, VALUE, RIGHT 함수 이용

03 [표1]의 매출액(단위:백만원)을 이용하여 비고[G3:G16] 영역에 순위를 계산하여 표시하시오. (6점)

- ▶ 단, 매출액이 전체 평균 매출액 이상인 경우만 표시
- ▶ [표시 예 : 5 → ★Top5]
- ▶ RANK.EQ, AVERAGE, IF 함수와 & 연산자 이용

04 사용자 정의 함수 'fn회사명'을 작성하여 [표1]의 회사명[B3:B16]을 표시하시오. (6점)

- ▶ 'fn회사명'은 상품코드를 인수로 받아 값을 되돌려줌
- ▶ 회사명은 상품코드의 4~5번째 코드가 'BG'이면 '빙그레', 'HT'이면 '해태제과', 'LJ'이면 '롯데제과', 'LF'이면 '롯데푸드'로 표시하시오.
- ▶ Select Case문 사용

```
Public Function fn회사명(상품코드)
End Function
```

05 [표1]의 상품코드와 매출액(단위:백만원)을 이용하여 [표2]의 매출액합계[D20:D21] 영역에 계산하여 표시하시오. (6점)

- ▶ 상품코드의 4~5번째 코드가 '회사코드1' 또는 '회사코드2'에 해당한 매출액(단위:백만원)의 합계를 구함
- ▶ 매출액합계는 천 단위 구분 기호와 '백만원'을 붙여서 표시
- ▶ [예시] : 1000 → 1,000백만원
- ▶ TEXT, SUM, IF, MID 함수를 이용한 배열 수식

해설

01 변경상품코드[E3:E16]

[E3] 셀에 =IF(OR(MID(A3,4,2)="BG",MID(A3,4,2)="HT"),REPLACE (A3,4,2,"BH"),A3)를 입력하고 [E16] 셀까지 수식을 복사한다.

💬 함수 설명

① MID(A3,4,2)="BG" : [A3] 셀에서 4번째부터 시작하여 2글자를 추출한 값이 'BG'와 같은지 비교
② MID(A3,4,2)="HT" : [A3] 셀에서 4번째부터 시작하여 2글자를 추출한 값이 'HT'와 같은지 비교
③ OR(①,②) : ① 또는 ②의 조건에 하나라도 만족하면 TRUE 값을 반환
④ REPLACE(A3,4,2,"BH") : [A3] 셀에서 4번째 시작하여 2글자를 추출하여 "BH"로 바꾸기

=IF(③,④,A3) : ③의 값이 TRUE이면 ④를 처리하고, 그 외는 [A3] 셀을 그대로 표시

02 생산공장[F3:F16]

[F3] 셀에 =IFS(VALUE(RIGHT(A3,1))=1,"대구",VALUE(RIGHT(A3,1))=2,"논산",VALUE(RIGHT(A3,1))=3,"양산",VALUE(RIGHT(A3,1))=4,"천안")를 입력하고 [F16] 셀까지 수식을 복사한다.

💬 함수 설명

① RIGHT(A3,1) : [A3] 셀에서 오른쪽에서 1글자를 추출
② VALUE(①) : ①의 값을 숫자로 변환

=IFS(②=1,"대구",②=2,"논산",②=3,"양산",②=4,"천안") : ②의 값이 1이면 '대구', ②의 값이 2이면 '논산', ②의 값이 3이면 '양산', ②의 값이 4이면 '천안'으로 표시

③ 비고[G3:G16]

[G3] 셀에 =IF(D3>=AVERAGE($D$3:$D$16),
"★Top"&RANK.EQ(D3,$D$3:$D$16),"")를 입력
하고 [G16] 셀까지 수식을 복사한다.

> 🗨 **함수 설명**
>
> ① AVERAGE($D$3:$D$16) : [D3:D16] 영역의 평균을 구함
> ② RANK.EQ(D3,$D$3:$D$16) : [D3] 셀의 값을 [D3:D16]
>   영역에서 순위를 구함
>
> =IF(D3>=①,"★Top"&②,"") : [D3] 셀의 값이 ① 이상이면
> '★Top'과 ②를 연결하여 표시하고, 그 외는 공백으로 표시

④ 회사명[B3:B16]

① [개발 도구]-[코드] 그룹의 [Visual Basic](🖳)
  을 클릭한다.
② [삽입]-[모듈]을 클릭한다.
③ Module 창에 다음과 같이 입력한다.

```
Public Function fn회사명(상품코드)
    Select Case Mid(상품코드, 4, 2)
        Case "BG"
            fn회사명 = "빙그레"
        Case "HT"
            fn회사명 = "해태제과"
        Case "LJ"
            fn회사명 = "롯데제과"
        Case "LF"
            fn회사명 = "롯데푸드"
    End Select
End Function
```

④ [파일]-[닫고 Microsoft Excel(으)로 돌아가
  기]를 클릭하여 [Visual Basic Editor]를 닫는
  다.
⑤ [B3] 셀을 클릭한 후 [함수 삽입](𝑓ₓ)을 클릭한
  다.
⑥ '범주 선택'에서 '사용자 정의', '함수 선택'에서
  'fn회사명'을 선택한 후 [확인]을 클릭한다.
⑦ 그림과 같이 셀을 지정한 후 [확인]을 클릭한다.

⑧ [B3] 셀을 선택한 후 [B16] 셀까지 수식을 복사
  한다.

⑤ 매출액합계[D20:D21]

[D20] 셀에 =TEXT(SUM(IF((MID($A$3:$A$16,
4,2)=B20)+(MID($A$3:$A$16,4,2)=C20),$D$3:
$D$16)),"#,##0백만원")를 입력하고 [Ctrl]+[Shift]+
[Enter]를 누른 후 [D21] 셀까지 수식을 복사한다.

> 🗨 **함수 설명**
>
> ① MID($A$3:$A$16,4,2) : [A3:A16] 영역에서 4번째 시작하
>   여 2글자를 추출
> ② (①=B20)+(①=C20) : ①의 값이 [B20] 셀과 같거나
>   [C20] 셀과 같은 경우에 TRUE 값을 반환
> ③ IF(②,$D$3:$D$16) : ②의 값이 TRUE 일 경우 같은 행에
>   서 [D3:D16] 영역에서 값을 반환
> ④ SUM(③) : ③의 합계를 구함
>
> =TEXT(④,"#,##0백만원") : ④의 값을 천 단위 구분기호와
> '백만원'을 붙여서 표시

작업파일 [2025컴활1급₩3권_함수사전₩계산작업] 폴더의 '계산작업' 파일을 열어서 작업하시오.

	A	B	C	D	E	F	G	H	I	J	K
1	[표1]				❺		[표2]	❶		❷	
2	고객명	지점명	보험종류	월불입액	할인액		지점명	월불입액 평균	최고 납입고객		
3	김인곤	서울	건강	260,000	-		서울	730,000	김영철		
4	정호성	경기	상해	80,000	-		경기	450,000	이보아		
5	박진수	강원	저축	205,000	8,200		인천	165,000	이성철		
6	김영규	인천	건강	55,000	-		충청	630,000	김정현		
7	정태진	강원	연금	280,000	11,200		강원	241,600	김동일		
8	최양락	충청	상해	45,000	-						
9	김상용	인천	저축	150,000	4,500		[표3]			❸	
10	김영철	서울	저축	900,000	45,000		보험종류	월납입액(▶=250,000)			
11	강호진	서울	상해	15,000	-		건강	▶▶▶			
12	안석순	강원	건강	289,000	-		상해	▶▶▶			
13	김동일	강원	상해	640,000	-		저축	▶▶▶▶▶▶▶▶			
14	서진규	서울	연금	560,000	28,000		연금	▶▶▶▶▶▶▶▶▶			
15	이진철	경기	저축	400,000	20,000						
16	하정우	경기	건강	165,000	-		[표4]				
17	국덕근	강원	연금	240,000	9,600		보험종류	보험종류	보험종류	보험종류	❹
18	김재성	경기	건강	48,000	-		건강	상해	저축	연금	
19	김정현	충청	연금	640,000	32,000		25%	20%	25%	30%	
20	이보아	경기	연금	500,000	25,000						
21	이성철	인천	연금	180,000	5,400						
22	김인성	충청	저축	620,000	31,000						
23											

▲ '계산작업9회' 시트

01 [표1]의 지점명, 보험종류, 월불입액을 이용하여 [표2]의 [H3:H7] 영역에 월불입액 평균을 계산하여 표시하시오.

▶ 지점별 보험종류가 '저축' 또는 '연금'의 월불입액의 평균을 십의 자리에서 내림하여 표시

▶ [예시] : 643,679 → 643,600

▶ ROUNDDOWN, AVERAGE, IF 함수를 이용한 배열 수식

02 [표1]의 고객명, 지점명, 월불입액을 이용하여 [표2]의 [I3:I7] 영역에 지점별 월납입액이 가장 높은 고객명을 표시하시오.

▶ INDEX, MATCH, MAX 함수를 이용한 배열 수식

03 [표1]의 보험종류, 월불입액을 이용하여 [표3]의 [H11:H14] 영역에 월납입액 합계를 표시하시오.

▶ 보험종류별 월불입액의 합계를 250,000로 나눈 몫만큼 '▶'로 표시

▶ [표시 예 : 800,000 → ▶▶▶]

▶ REPT, SUMIF 함수 이용

04 [표1]의 보험종류를 이용하여 [표4]의 [G19:J19] 영역에 보험종류의 비율을 표시하시오.

▶ DCOUNTA, COUNTA 함수 이용

05 사용자 정의 함수 'fn할인액'을 작성하여 [표1]의 할인액[E3:E22]를 표시하시오.

▶ 'fn할인액'은 보험종류와 월불입액을 인수로 받아 값을 되돌려줌

▶ 할인액 = 월불입액 × 할인액

▶ 할인액은 보험종류가 '저축' 또는 '연금'이면서 월불입액이 100,000 미만이면 2%, 200,000 미만이면 3%, 300,000 미만이면 4%, 그 외는 5%, 보험종류가 '저축' 또는 '연금'이 아닌 경우에는 할인액은 0으로 처리하시오.

▶ IF와 Select Case문 사용

```
Public Function fn할인액(보험종류, 월불입액)
End Function
```

해설

---

01 월불입액 평균[H3:H7]

[H3] 셀에 =ROUNDDOWN(AVERAGE(IF(($B$3:$B$22=G3)*(($C$3:$C$22="저축")+($C$3:$C$22="연금")),$D$3:$D$22)),−2)를 입력하고 Ctrl + Shift + Enter 를 누른 후 [H7] 셀까지 수식을 복사한다.

함수 설명

① (($C$3:$C$22="저축")+($C$3:$C$22="연금")) : [C3:C22] 영역이 '저축' 또는 '연금'인 경우 TRUE 값을 반환

② ($B$3:$B$22=G3)*① : [B3:B22] 영역의 값이 [G3] 셀과 같고 ①의 값이 TRUE일 경우 TRUE 값을 반환

③ IF(②,$D$3:$D$22) : ②의 값이 TRUE 일 경우 같은 행에서 [D3:D22] 영역에서 값을 반환

④ AVERAGE(③) : ③의 평균을 구함

=ROUNDDOWN(④,−2) : ④의 값을 내림하여 소수 이하 2자리로 표시

02 최고 납입고객명[I3:I7]

[I3] 셀에 =INDEX($A$3:$A$22,MATCH(MAX(($B$3:$B$22=G3)*$D$3:$D$22),($B$3:$B$22=G3)*$D$3:$D$22,0))를 입력하고 Ctrl + Shift + Enter 를 누른 후 [I7] 셀까지 수식을 복사한다.

함수 설명

① ($B$3:$B$22=G3)*$D$3:$D$22) : [B3:B22] 영역이 [G3] 셀과 같은 경우 같은 행의 [D3:D22] 영역의 값을 반환

② MATCH(MAX(①),①,0) : ①의 최대값을 ①의 영역에서 일치하는 상대적인 위치 값을 반환

=INDEX($A$3:$A$22,②) : [A3:A22] 영역에서 ②의 행에 있는 값을 찾아 표시

03 월납입액[H11:H14]

[H11] 셀에 =REPT("▶",SUMIF($C$3:$C$22,G11,$D$3:$D$22)/250000)을 입력하고 [H14] 셀까지 수식을 복사한다.

> **● 함수 설명**
>
> ① SUMIF($C$3:$C$22,G11,$D$3:$D$22) : [C3:C22] 영역에서 [G11]의 값을 찾아 같은 행의 [D3:D22] 영역의 값을 반환
>
> =REPT("▶",①/250000) : '▶'의 값을 ①의 값을 250000으로 나눈 결과의 몫만큼 반복하여 표시

04 보험종류의 비율[G19:J19]

[G19] 셀에 =DCOUNTA($A$2:$D$22,$C$2,G17:G18)/COUNTA($C$3:$C$22)를 입력하고 [J19] 셀까지 수식을 복사한다.

> **● 함수 설명**
>
> ① DCOUNTA($A$2:$D$22,$C$2,G17:G18) : [A2:D22] 영역에서 [G17:G18] 영역의 조건에 만족한 데이터를 [C]열에서 개수를 구함
> ② COUNTA($C$3:$C$22) : [C3:C22] 영역의 개수를 구함

05 할인액[E3:E22]

① [개발 도구]-[코드] 그룹의 [Visual Basic](📋)을 클릭한다.

② [삽입]-[모듈]을 클릭한다.

③ Module 창에 다음과 같이 입력한다.

```
Public Function fn할인액(보험종류, 월불입액)
    If 보험종류 = "연금" Or 보험종류 = "저축" Then
        Select Case 월불입액
            Case Is < 100000
                할인액 = 0.02
            Case Is < 200000
                할인액 = 0.03
            Case Is < 300000
                할인액 = 0.04
            Case Else
                할인액 = 0.05
        End Select
    Else
        할인액 = 0
    End If
    fn할인액 = 월불입액 * 할인액
End Function
```

④ [파일]-[닫고 Microsoft Excel(으)로 돌아가기]를 클릭하여 [Visual Basic Editor]를 닫는다.

⑤ [E3] 셀을 클릭한 후 [함수 삽입](𝑓ₓ)을 클릭한다.

⑥ '범주 선택'에서 '사용자 정의', '함수 선택'에서 'fn할인액'을 선택한 후 [확인]을 클릭한다.

⑦ 그림과 같이 셀을 지정한 후 [확인]을 클릭한다.

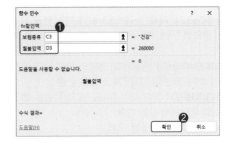

⑧ [E3] 셀을 선택한 후 [E22] 셀까지 수식을 복사한다.

계산작업 문제 10회

작업파일 [2025컴활1급₩3권_함수사전₩계산작업] 폴더의 '계산작업' 파일을 열어서 작업하시오.

	A	B	C	D	E	F	G
1	[표1]						❶
2	구분	제조방법	친환경인증	제조일	가격	판매량	판매금액
3	세작	가루차	무농약	2024-05-30	15,000	45	675,000
4	세작	잎차	무농약	2024-06-30	44,000	60	2,640,000
5	중작	잎차	무농약	2023-05-30	34,000	43	1,315,800
6	세작	가루차	저농약	2024-06-30	15,000	20	285,000
7	대작	가루차	유기농	2024-07-30	10,000	10	97,000
8	대작	가루차	무농약	2023-08-30	30,000	34	918,000
9	대작	잎차	저농약	2023-07-30	10,000	40	280,000
10	세작	잎차	저농약	2024-08-30	25,000	53	1,258,750
11	중작	가루차	무농약	2024-06-30	10,000	37	370,000
12	대작	잎차	무농약	2023-05-30	10,000	40	360,000
13	우전	잎차	무농약	2024-06-30	60,000	80	4,800,000
14	중작	잎차	무농약	2024-07-25	20,000	66	1,320,000
15	세작	잎차	무농약	2023-08-25	200,000	75	13,500,000
16	대작	가루차	유기농	2023-09-01	36,000	53	1,526,400
17	우전	발효차	유기농	2024-09-02	70,000	60	4,074,000
18	세작	발효차	무농약	2023-09-30	25,000	32	720,000
19	세작	발효차	유기농	2023-06-25	40,000	5	160,000
20	세작	잎차	무농약	2024-05-25	70,000	24	1,680,000

	I	J	K
[표2] 친환경인증별 년도 할인율			
친환경인증	2023 년	2024 년	
무농약	10%	0%	
유기농	20%	3%	
저농약	30%	5%	

[표3] 제조년도별 제조방법 가격 ❷

제조방법	2023 년	2024 년
가루차	36,000	15,000
잎차	200,000	70,000
발효차	40,000	70,000

[표4] 무농약 구분별 개수 ❸

구분	개수
대	☆☆
중	☆☆☆
세	☆☆☆☆☆

	A	B	C	D	E
22	[표5]			기준일 ❹	2025-12-05 ❺
23	계좌번호	잔액	개설일자	이자	예금종류
24	12-35-623	3,154,200	2022-10-02	63,084	연금저축
25	23-15-123	575,000	2019-05-04	14,375	자유저축
26	75-45-632	756,520	2020-03-04	18,913	연금저축
27	96-25-258	2,156,000	2022-05-04	43,120	연금저축
28	46-56-789	325,000	2022-10-05	4,875	정기적금
29	36-25-456	5,650,000	2023-02-04	113,000	연금저축
30	95-36-251	357,000	2021-07-10	7,140	자유저축
31	27-45-693	- 3,230,000	2023-03-10	- 64,600	연금저축
32	14-62-250	55,500	2021-12-20	1,110	자유저축
33	17-52-620	- 75,000	2023-02-05	- 1,125	자유저축
34	16-25-360	98,500	2022-02-09	1,478	정기적금
35	95-47-520	456,000	2021-03-04	9,120	자유저축
36	36-14-129	956,000	2023-05-09	14,340	연금저축
37	24-45-132	756,520	2023-03-04	11,348	연금저축

[표6]

	1열	2열	3열	4열	5열
개월 \ 잔액			0이상	1,000,000이상	2,000,000이상
			1,000,000미만	2,000,000미만	
0개월이상	24개월미만		1.00%	1.35%	1.50%
24개월이상	48개월미만		1.50%	1.85%	2.00%
48개월이상	70개월미만		2.00%	2.40%	2.60%
70개월이상			2.50%	2.80%	3.00%

▲ '계산작업10회' 시트

01 [표1]의 가격, 친환경인증, 제조일, 판매량과 [표2]를 참조하여 [G3:G20] 영역에 판매금액을 계산하여 표시하시오.

▶ 판매금액 = 가격 × (1−할인율) × 판매량
▶ 할인율은 [표2]를 참조하여 친환경인증과 제조년도의 할인율을 적용
▶ PRODUCT, VLOOKUP, MATCH, YEAR 함수 이용

02 [표1]의 제조방법, 제조일, 가격을 이용하여 [표3]의 [J10:K12] 영역에 표시하시오.

▶ 제조방법별 제조년도별 최대값을 찾아 표시하고 오류가 있을 때에는 0을 표시
▶ IF, ISERROR, LARGE, YEAR 함수를 이용한 배열 수식

03 [표1]의 친환경인증이 '무농약'인 구분의 개수를 [J16:J18] 영역에 표시하시오.

▶ '무농약'의 구분별 개수만큼 '☆'을 반복하여 표시

▶ [예시] : 3 → ☆☆☆

▶ REPT, COUNTIFS 함수와 & 연산자 이용

04 [표5]의 잔액, 개설일자, 기준일과 [표6]을 참조하여 [D24:D37] 영역에 이자를 계산하여 표시하시오.

▶ 이자 = 잔액 × 이자율

▶ (기준일−개설일자)/30으로 나눈 개월과 양수 잔액으로 [표6]의 3열, 4열, 5열을 참조하여 이자율을 찾아 계산

▶ VLOOKUP, DAYS, LOOKUP, ABS 함수 이용

05 사용자 정의 함수 'fn예금종류'를 작성하여 [표5]의 예금종류[E24:E37]을 표시하시오.

▶ 'fn예금종류'는 계좌번호를 인수로 받아 값을 되돌려줌

▶ 계좌번호의 왼쪽의 2글자를 3으로 나눈 나머지가 1이면 '정기적금', 나머지가 2이면 '자유저축', 그 외는 '연금저축'으로 표시하시오.

▶ IF문 사용

```
Public Function fn예금종류(계좌번호)

End Function
```

해설

01 판매금액[G3:G20]

[G3] 셀에 =PRODUCT(E3,(1−VLOOKUP(C3,$I$3:$K$6,MATCH(YEAR(D3),$J$3:$K$3,0)+1,0)),F3)를 입력하고 [G20] 셀까지 수식을 복사한다.

💬 함수 설명

① MATCH(YEAR(D3),$J$3:$K$3,0) : [D3] 셀의 년도를 값을 [J3:K3] 영역에서 일치하는 상대적인 위치 값을 반환

② VLOOKUP(C3,$I$3:$K$6,①+1,0) : [C3] 셀의 값을 [I3:K6] 영역의 첫 번째 열에서 찾아 ①+1의 열에서 일치하는 값을 반환

=PRODUCT(E3,(1−②),F3) : [E3]*(1−②)*F3의 결과값을 구함

02 제조년도별 제조방법 가격[J10:K12]

[J10] 셀에 =IF(ISERROR(LARGE(($B$3:$B$20=$I10)*(YEAR($D$3:$D$20)=J$9)*$E$3:$E$20,1)),0,LARGE(($B$3:$B$20=$I10)*(YEAR($D$3:$D$20)=J$9)*$E$3:$E$20,1))를 입력하고 Ctrl + Shift + Enter 를 누른 후 [K12] 셀까지 수식을 복사한다.

💬 함수 설명

① ($B$3:$B$20=$I10)*(YEAR($D$3:$D$20)=J$9)*$E$3:$E$20 : [B3:B20] 영역에서 [I10] 셀과 동일하고 [D3:D20] 영역에서 년도를 추출한 값이 [J9] 셀과 동일한 조건에 만족한 데이터의 같은 행의 [E3:E20] 영역의 값을 반환

② LARGE(①,1) : ①의 값 중에서 1번째로 큰 값을 구함

=IF(ISERROR(②),0,②) : ②의 값에 오류가 있다면 0을 그 외는 ②로 표시

⑱ 무농약 구분별 개수[J16:J18]

[J16] 셀에 =REPT("☆",COUNTIFS($C$3:$C$20, "무농약",$A$3:$A$20,I16&"*"))를 입력하고 [J18] 셀까지 수식을 복사한다.

🔵 함수 설명

① COUNTIFS($C$3:$C$20,"무농약",$A$3:$A$20,I16&"*")
: [C3:C20] 영역에서 '무농약'이고, [A3:A20] 영역에서 [I16] 셀로 시작하는 값이 셀의 개수를 구함

=REPT("☆",①) : '☆'을 ①의 개수만큼 반복하여 표시

⑭ 이자[D24:D37]

[D24] 셀에 =B24*VLOOKUP(DAYS($E$22,C24)/ 30,$G$26:$K$29, LOOKUP(ABS(B24),$I$24: $K$24,$I$23:$K$23))를 입력하고 [D37] 셀까지 수식을 복사한다.

🔵 함수 설명

① DAYS($E$22,C24)/30 : [E22] 날짜에서 [C24] 날짜를 뺀 일수를 구한 후에 30으로 나눈 값을 구함
② LOOKUP(ABS(B24),$I$24:$K$24,$I$23:$K$23) : [B24] 셀의 값을 양수로 변환한 값을 [I24:K24] 영역에 찾아 같은 열에 있는 [I23:K23] 영역의 값을 반환

=B24*VLOOKUP(①,$G$26:$K$29,②) : ①의 값을 [G26:K29] 영역의 첫 번째 열에서 찾아 ②의 값을 반환한 값과 [B24] 셀의 값하고 곱하여 표시

⑮ 예금종류[E24:E37]

① [개발 도구]-[코드] 그룹의 [Visual Basic](📋) 을 클릭한다.
② [삽입]-[모듈]을 클릭한다.
③ Module 창에 다음과 같이 입력한다.

```
Public Function fn예금종류(계좌번호)

    If Left(계좌번호, 2) Mod 3 = 1 Then
        fn예금종류 = "정기적금"
    ElseIf Left(계좌번호, 2) Mod 3 = 2 Then
        fn예금종류 = "자유저축"
    Else
        fn예금종류 = "연금저축"
    End If

End Function
```

④ [파일]-[닫고 Microsoft Excel(으)로 돌아가 기]를 클릭하여 [Visual Basic Editor]를 닫는 다.
⑤ [E24] 셀을 클릭한 후 [함수 삽입](fx)을 클릭 한다.
⑥ '범주 선택'에서 '사용자 정의', '함수 선택'에서 'fn예금종류'를 선택한 후 [확인]을 클릭한다.
⑦ 그림과 같이 셀을 지정한 후 [확인]을 클릭한다.

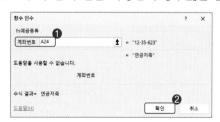

⑧ [E24] 셀을 선택한 후 [E37] 셀까지 수식을 복 사한다.

스프레드시트
함수사전

▶ 합격 강의

날짜와 시간 함수(날짜와 시간.xlsx 파일 이용)

01 연도(YEAR)를 구하자.

형 식	=YEAR(일련 번호 또는 날짜 문자열)	
사용방법	=YEAR("2025/4/22")	→ 2025

① 입사일자[B2:B6]를 이용하여 근무기간을 [C2:C6] 영역에 표시하시오.

▶ 근무기간 = 2025 − 입사일자의 년도

▶ YEAR 함수와 & 연산자 사용

▶ 표기 예 : 10년

	A	B	C	D
1	사원	입사일자	**근무기간**	
2	최찬식	1998-01-03		
3	황요한	1992-10-03		
4	김율동	1995-10-05		
5	장길산	2003-04-02		
6	이은관	1997-02-01		
7				

◀ 'YEAR1(예제)' 시트

정답 [C2] 셀에 「=2025−YEAR(B2)&"년"」를 입력하고 [C6] 셀까지 수식 복사

② 생년월일[B3:B12]을 이용하여 잔치예정[D3:D12]을 구하시오.

▶ 생년이 1956이면 '칠순', 1966이면 '회갑', 그 이외에는 공란을 표기

▶ IF와 YEAR 함수 사용

	A	B	C	D	E
1	독거 노인 잔치 예정표				
2	고객성명	생년월일	거주동	**잔치예정**	
3	황금려	1956-07-20	풍납동		
4	진재연	1937-08-18	등촌동		
5	박승호	1948-09-09	이문동		
6	최남성	1966-10-09	금호동		
7	강진형	1937-04-10	양재동		
8	장형화	1962-09-20	미아동		
9	장링호	1941-10-05	상계동		
10	은정수	1956-10-30	창동		
11	김석주	1951-07-15	명일동		
12	민경수	1966-09-04	옹봉동		
13					

◀ 'YEAR2(예제)' 시트

정답 [D3] 셀에 「=IF(YEAR(B3)=1956,"칠순",IF(YEAR(B3)=1966,"회갑",""))」를 입력하고 [D12] 셀까지 수식 복사

⑫ 월(MONTH)을 구하자.

형 식	=MONTH(일련 번호 또는 날짜 문자열)	
사용방법	=MONTH("2025/4/22")	→ 4

① 숫자(45748)를 함수를 사용하여 [E2] 셀에 '4'로 바꾸시오.

	A	B	C	D	E	F
1	월별 수출입 통계					
2	월 별	1	2	3	45748	
3	수산물	150,250	132,570	135,720	137,810	
4	농산물	105,370	110,540	114,635	117,325	
5	임산물	28,435	29,710	3,011	31,445	
6	축산물	9,063	9,280	9,547	9,653	
7						

◀ 'MONTH(예제)' 시트

정답 [E2] 셀에 「=MONTH(45748)」를 입력

함수 설명

45748은 2025년 4월 1일을 나타내는 일련번호이며 MONTH 함수를 통해 '4'라는 결과가 나온다.
[E2] 셀에서 Ctrl + 1 을 눌러 [표기 형식] 탭에서 날짜를 선택하면 확인할 수 있다.

⑬ 일(DAY)을 구하자.

형 식	=DAY(일련 번호 또는 날짜 문자열)	
사용방법	=DAY("2025/4/22")	→ 22

① 기준일자[D2]를 사용하여 주문일자(일)[B4:B6]를 계산하여 표시하시오.

▶ 주문일자(일) = 기준일자[D2] − 소요기간(일)
▶ 주문일자(일)는 일(날)을 표시하는 숫자만 나타낼 것

	A	B	C	D	E
1	납품일정계획				
2			기준일자:	25-02-10	
3	재료	주문일자(일)	소요기간(일)	납품일자(일)	
4	백설탕		5	15	
5	향료		7	10	
6	밀가루		9	9	
7					

◀ 'DAY(예제)' 시트

정답 [B4] 셀에 「=DAY($D$2)−DAY(C4)」를 입력하고 [B6] 셀까지 수식 복사

⑭ 시(HOUR)를 구하자.

형 식	=HOUR(일련 번호 또는 시간 문자열)	
사용방법	=HOUR("16:13:15")	→ 16

① 출발시간에서 도착시간의 차이를 이용하여 요금[E3:E8]에 표시하시오.

▶ 단, 분 단위는 제외되며 시간당 4,000원 적용

▶ HOUR, MONTH, TODAY 중 알맞은 함수를 선택하여 사용

	A	B	C	D	E	F
1			버스 요금 정산표			
2	출발지	출발시간	도착지	도착시간	요금	
3	서울	9:00	대전	11:30		
4	부산	11:30	대구	14:30		
5	광주	9:30	속초	15:30		
6	대구	12:00	인천	17:00		
7	대전	8:00	수원	10:00		
8	인천	10:00	청주	12:10		
9						

◀ 'HOUR(예제)' 시트

> **정답** [E3] 셀에 「=(HOUR(D3)-HOUR(B3))*4000」를 입력하고 [E8] 셀까지 수식 복사

⑮ 분(MINUTE)을 구하자.

형 식	=MINUTE(일련 번호 또는 시간 문자열)	
사용방법	=MINUTE("16:13:15")	→ 13

① 특허 신청 일시[B3:B10]를 이용하여 시간을 [C3:C10] 영역에 표시하시오.

▶ 표시 예 : 15시10분

▶ HOUR, MINUTE 함수와 연산자 & 사용

	A	B	C	D
1	특허 신청 일시			
2	제출회사	특허 신청 일시	시간	
3	미리내	2025-09-09 9:45		
4	거장	2025-09-09 8:20		
5	제온	2025-09-10 18:35		
6	미크론	2025-09-09 8:45		
7	씽크	2025-09-10 15:10		
8	인포	2025-09-09 8:45		
9	신화	2025-09-11 11:40		
10	창조	2025-09-09 10:48		
11				

◀ 'MINUTE(예제)' 시트

> **정답** [C3] 셀에 「=HOUR(B3) & "시" & MINUTE(B3) & "분"」를 입력하고 [C10] 셀까지 수식 복사

06 초(SECOND)를 구하자.

형 식	=SECOND(일련 번호 또는 시간 문자열)	
사용방법	=SECOND("16:13:15")	→ 15

07 현재 날짜(TODAY)를 구하자.

사용방법	=TODAY( )	→ 2025-08-15

① 미수금 현황에서 [E3] 셀에 작성일자를 표시하되 셀 형식을 '12年 3月 14日'의 형식으로 표시하시오.

▶ TODAY 함수와 셀 서식 활용

	A	B	C	D	E
1			미수금 현황		
2					
3				작성일	
4	거래처명	품목명	수량	판매금액	미수금
5	고려화학	Blue	20	₩240,000	₩83,720
6	명지페인트	Red300	7	₩84,000	₩312,000
7	삼화페인트	Violet550	7	₩80,500	₩156,000
8	고려화학	Red334	12	₩300,000	
9	삼화페인트	Yellow	12	₩150,000	
10	명지페인트	Violet550	7	₩80,500	₩130,000
11	삼화페인트	Violet600	15	₩278,250	₩702,000
12					

◀ 'TODAY(예제)' 시트

정답 ① [E3] 셀에 「=TODAY()」를 입력
② [E3] 셀을 선택한 후 Ctrl + 1을 눌러 [셀 서식]의 [표기 형식] 탭에서 날짜의 '01年 3月 14日'을 선택

08 현재 날짜와 시간(NOW)을 구하자.

사용방법	=NOW( )	→ 2025-08-15 18:52

① [B2] 셀에 시스템의 현재 날짜와 시간을 표시하시오.

▶ 'yyyy년 mm월 dd일 h시 mm분' 형식으로 표시

	A	B	C
1			
2	작성일시		
3			

◀ 'NOW(예제)' 시트

> **정답** ① [B2] 셀에 「=NOW()」를 입력
> ② [B2] 셀에서 Ctrl + 1 을 눌러 [셀 서식]의 [표시 형식] 탭에서 '범주'는 '사용자 지정'에 '형식'을 「yyyy년 mm월 dd일 h시 mm분」 입력

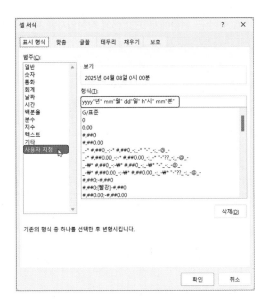

09 날짜(DATE)를 구하자.

형식	=DATE(년, 월, 일)	
사용방법	=DATE(2025,5,10)	→ 2025-05-10

① 공사계획표에서 비고란의 연도, 월, 일 표시의 숫자를 이용하여 공사개시일[B3:B5]을 구하시오.

	A	B	C	D	E	F	G	H	I	J	K	L	M
1			**공사계획표**										
2	공사구간	공사개시일	공사기간(월)	완공예정일				비고란					
3	1구간		7	2025/12/3	2025	년	5	월	3	일	(목)	공사시작	
4	2구간		8	2026/2/1	2025	년	6	월	1	일	(금)	공사시작	
5	3구간		10	2026/5/2	2025	년	7	월	2	일	(월)	공사시작	
6													

◀ 'DATE(예제)' 시트

> **정답** 공사개시일 [B3] 셀에 「=DATE(E3,G3,I3)」를 입력하고 [B5] 셀까지 수식 복사

⑩ 시간(TIME)을 구하자.

형식	=TIME(시, 분, 초)	
사용방법	=TIME(12,30,30)	→ 12:30:30

① 메모란에 표시된 시, 분, 초 단위의 숫자를 사용하여 주행개시시각[B3:B5]을 표시하시오.

	A	B	C	D	E	F	G	H	I	J	K	L
1			주행시간 예정표									
2	주행코스	주행개시시각	주행시간(분)	도착예정시각				메모				
3	1코스		3	1:08:05 AM		1	시	5	분	5	초	주행시작
4	2구간		8	1:14:05 AM		1	시	6	분	5	초	주행시작
5	3구간		10	1:17:05 AM		1	시	7	분	5	초	주행시작
6												

◀ 'TIME(예제)' 시트

> **정답** [B3] 셀에 「=TIME(E3,G3,I3)」를 입력하고 [B5] 셀까지 수식 복사

⑪ 날짜(DATEVALUE)를 구하자.

형식	=DATEVALUE(시간문자열)	
사용방법	=DATEVALUE("2025-05-10")	→ 45787(날짜의 일련번호를 구함)

① 날짜[A4:A6]의 일련번호[B4:B6]를 구하시오.

◀ 'DATEVALUE(예제)' 시트

> **정답** [B4] 셀에 「=DATEVALUE("2025-01-01")」,
> [B5] 셀에 「=DATEVALUE("2025-03-01")」,
> [B6] 셀에 「=DATEVALUE("2025-05-05")」를 입력

⑫ 요일(WEEKDAY)의 일련번호를 구하자.

형식	=WEEKDAY(일련번호, 종류)	
	종류 종류를 생략하면 1번 자동으로 설정	
	1 : 일요일을 1로 시작함	
	2 : 월요일을 1로 시작함	
	3 : 월요일을 0으로 시작함	
사용방법	=WEEKDAY("2025-04-22",2)	→ 2(2는 화요일을 의미)

① 생년월일[B3:B9]을 이용하여 해당되는 요일을 [C3:C9]에 계산하여 표시하시오.

▶ CHOOSE와 WEEKDAY 함수 사용

▶ 요일의 계산방식은 일요일부터 시작하는 1번 방식으로 지정

▶ '토요일'과 같이 문자열 전체를 표시하게 지정

	A	B	C	D
1		동호 회원		
2	회원명	생년월일	요일	
3	김상식	67-09-02		
4	이아영	72-10-10		
5	소시지	60-12-21		
6	박사영	75-03-14		
7	유정철	82-09-13		
8	송강	84-05-17		
9	임인성	83-08-07		
10				

◀ 'WEEKDAY1(예제)' 시트

정답 [C3] 셀에 「=CHOOSE(WEEKDAY(B3,1),"일요일","월요일","화요일","수요일","목요일","금요일","토요일")」를 입력하고 [C9] 셀까지 수식 복사

⑬ 두 날짜 사이의 일 수(DAYS)를 반환한다.

형식	=DAYS(종료 날짜, 시작 날짜) : 종료 날짜에서 시작 날짜를 빼서 두 날짜 사이의 일 수를 계산	
사용방법	=DAYS("2025-10-30","2025-10-10")	20

① 가입일[C3:C12]과 탈퇴일[D3:D12]을 이용하여 보상금[E3:E12]을 표시하시오.

▶ 보상금 = 가입비 × 가입기간 × 0.2%

▶ 가입기간은 가입일과 탈퇴일 사이의 날짜 수이며 DATE, DAYS, DAY 함수 중 알맞은 함수를 선택하여 사용

▶ DAYS 함수 사용

	A	B	C	D	E	F
1	탈퇴회원 보상금 산출					
2	회원명	가입비	가입일	탈퇴일	보상금	
3	김선우	30,000	01월 11일	09월 25일		
4	유세준	50,000	03월 15일	12월 13일		
5	손상훈	20,000	02월 25일	05월 21일		
6	김승완	30,000	04월 08일	08월 14일		
7	박진수	30,000	01월 04일	02월 04일		
8	정명우	20,000	03월 11일	09월 19일		
9	조성진	50,000	05월 25일	11월 30일		
10	최정일	50,000	02월 13일	12월 24일		
11	전승호	20,000	04월 23일	06월 13일		
12	이동찬	30,000	01월 25일	07월 22일		
13						

◀ 'DAYS(예제)' 시트

정답 [E3] 셀에 「=B3*DAYS(D3,C3)*0.2%」를 입력하고 [E12] 셀까지 수식 복사

⑭ 시작 날짜에서 개월 수를 더한 날짜(EDATE)를 구하자.

형식	= EDATE(시작 날짜, 개월 수)	
사용방법	= EDATE("2025-10-19",1)	→ 45980

① 적금시작일[A3:A5]을 이용하여 적금만기일[C3:C5]을 구하시오.

② 대출상환일[A8:A10]을 이용하여 대출일[C8:C10]을 구하시오.

▶ 표기 예 : 2025-12-31

	A	B	C	D
1				
2	적금시작일	개월	**적금만기일**	
3	2025-10-06	3		
4	2025-05-15	12		
5	2025-06-06	24		
6				
7	대출상환일	개월	**대출일**	
8	2023-02-05	-12		
9	2024-08-20	-3		
10	2025-06-08	-24		
11				

◀ 'EDATE(예제)' 시트

기적의 TIP

결과 값이 일련번호로 나오기 때문에 '셀 서식'에서 '표시 형식'을 '날짜'로 변경해야 합니다.

정답 [C3] 셀에 「=EDATE(A3,B3)」를 입력하고 [C5] 셀까지 수식 복사
[C8] 셀에 「=EDATE(A8,B8)」를 입력하고 [C10] 셀까지 수식 복사

---

⑮ 해당 월의 마지막 날(EOMONTH) 구하자.

형식	=EOMONTH(시작 날짜, 개월 수)	
사용방법	=EOMONTH("2025-10-19",1)	→ 45991

① 시작 날짜[A3:A8]에 개월을 더한 월의 마지막 날짜[C3:C8]을 구하시오.

▶ 표기 예 : 2025-12-31

	A	B	C	D
1				
2	시작 날짜	개월	마지막 날짜	
3	2025-05-05	3		
4	2025-05-15	-1		
5	2025-06-06	2		
6	2025-07-17	-5		
7	2025-08-15	4		
8	2025-12-25	6		
9				

◀ 'EOMONTH(예제)' 시트

기적의 TIP

결과 값이 일련번호로 나오기 때문에 '셀 서식'에서 '표시 형식'을 '날짜'로 변경해야 합니다.

정답 [C3] 셀에 「=EOMONTH(A3,B3)」를 입력하고 [C8] 셀까지 수식 복사

⑯ **두 날짜 사이의 전체 업무일 수(NETWORKDAYS)를 구하자.**

형 식	=NETWORKDAYS(시작 날짜, 끝 날짜, [휴일])	
사용방법	=NETWORKDAYS("2025–5–1","2025–5–31")	→ 22

① **날짜[A2:A6]을 이용하여 근무일수[B8]를 구하시오.**

▶ 단, 공휴일은 제외하시오.

	A	B	C
1	날짜	설명	
2	2024-10-01	프로젝트 시작 날짜입니다.	
3	2025-03-01	프로젝트 끝 날짜입니다.	
4	2024-11-26	공휴일입니다.	
5	2024-12-04	공휴일입니다.	
6	2024-01-21	공휴일입니다.	
7			
8	**근무일수**		
9			

◀ 'NETWORKDAYS(예제)' 시트

정답 [B8] 셀에 「=NETWORKDAYS(A2,A3,A4:A6)」를 입력

기적의 TIP

작업 일수에 주말과 휴일은 포함되지 않습니다.

⑰ **해당 날짜가 일 년 중 몇 번째 주(WEEKNUM)인지 구하자.**

형 식	=WEEKNUM(날짜, 요일을 결정할 숫자) 요일을 결정할 숫자(return_type) • 1 : 일요일부터 주가 시작됩니다. • 2 : 월요일부터 주가 시작됩니다.	
사용방법	=WEEKNUM("2025–1–1",1)	→ 1

① **날짜[A3:A8]을 이용하여 일 년 중 몇 번째 주[B3:B8] 인지를 구하시오.**

▶ 단, 요일을 결정할 숫자(return_type)은 '1' 로 지정하시오.

	A	B	C
1			
2	날짜	몇번째 주?	
3	2025-05-05		
4	2025-05-15		
5	2025-06-06		
6	2025-07-17		
7	2025-08-15		
8	2025-12-25		
9			

◀ 'WEEKNUM(예제)' 시트

정답 [B3] 셀에 「=WEEKNUM(A3,1)」를 입력하고 [B8] 셀까지 수식 복사

18 평일의 수(WORKDAY)를 구하자.

형 식	=WORKDAY(시작 날짜, 날짜 수, [휴일])	
사용방법	=WORKDAY('2025-1-1',31)	→ 45701

① 시작 날짜[A3:A8]을 이용하여 '공휴일1'과 '공휴일2'를 포함한 휴일을 제외한 작업완료[E3:E8]을 구하시오.

	A	B	C	D	E	F
1						
2	시작 날짜	작업일	공휴일1	공휴일2	작업완료일	
3	2021-01-01	130	05월 01일	06월 05일		
4	2022-01-01	160	03월 01일	04월 05일		
5	2023-01-01	180	02월 01일	05월 05일		
6	2024-01-01	200	06월 01일	08월 05일		
7	2025-01-01	220	07월 01일	09월 05일		
8	2026-01-01	250	08월 01일	09월 05일		
9						

◀ 'WORKDAY(예제)' 시트

정답 [E3] 셀에 「=WORKDAY(A3,B3,C3:D3)」를 입력하고 [E8] 셀까지 수식 복사

기적의 TIP

결과 값이 일련번호로 나오기 때문에 '셀 서식'에서 '표시 형식'을 '날짜'로 변경하여야 합니다.

논리 함수(논리.xlsx 파일 이용)

▶ 합격 강의

01 조건을 판단(IF)해 보자.

형 식	=IF(조건식, 값1, 값2)	
사용방법	=IF(C4>=20,5,0)	→ [C4] 셀의 값이 20 이상이면 5, 그렇지 않으면 0을 표기

① 점수가 90 이상이면 '우수', 90 미만 80 이상이면 '보통', 80 미만이면 '분발'이라고 등급[D3:D7] 영역에 표시하시오.

	A	B	C	D	E
1	상공주식회사 인사고과				
2	성명	부서	점수	등급	
3	류민수	경리부	95.8		
4	라우석	영업부	88.5		
5	김민석	관리부	72.6		
6	박우민	영업부	61.9		
7	강우식	관리부	88		
8					

◀ 'IF1(예제)' 시트

정답 [D3] 셀에 「=IF(C3>=90,"우수",IF(C3>=80,"보통","분발"))」를 입력하고 [D7] 셀까지 수식 복사

② 비만도 측정에서 신장[C3:C9]과 체중[D3:D9]을 이용한 판정을 기준으로 비만여부[E3:E9]를 구하시오.

▶ 판정 = 체중 − (신장 − 110)

▶ 비만여부는 판정이 6 이상이면 '비만', 6 미만 −5 이상이면 '표준', −5 미만이면 '허약'

▶ IF 함수 사용

	A	B	C	D	E	F
1			비만도 측정			
2	성명	성별	신장	체중	비만여부	
3	한장석	남	178	60		
4	오명희	여	152	58		
5	최철주	남	169	62		
6	마준희	여	162	45		
7	권길수	남	184	82		
8	장도애	여	175	68		
9	조서희	여	158	62		
10						

◀ 'IF2(예제)' 시트

정답 [E3] 셀에 「=IF(D3−(C3−110)>=6,"비만",IF(D3−(C3−110)>=−5,"표준","허약"))」를 입력하고 [E9] 셀까지 수식 복사

③ 판매일[B3:B10]을 이용하여 요일번호[D3:D10]를 유형 '1'로 구하고 이때 요일번호가 '1'이면 '일요일', 그외는 공란으로 표시하시오.

▶ IF와 WEEKDAY 함수 사용

	A	B	C	D	E
1		판매현황			
2	품목	판매일	수량	요일번호	
3	텔레비전	25-03-10	15		
4	전자레인지	25-03-11	8		
5	선풍기	25-06-01	30		
6	냉장고	24-04-20	20		
7	세탁기	24-05-17	12		
8	선풍기	24-06-10	31		
9	냉장고	24-11-12	24		
10	전자레인지	24-11-13	16		
11					

◀ 'IF3(예제)' 시트

정답 [D3] 셀에 「=IF(WEEKDAY(B3,1)=1,"일요일","")」를 입력하고 [D10] 셀까지 수식 복사

④ 근무년수[B3:B8]와 소득액[C3:C8]을 이용하여 세금[D3:D8]을 구하시오.

▶ 세금은 근무년수가 10 이상이면 소득액 × 20%, 5 이상 10 미만이면 소득액 × 15%, 5 미만이면 소득액 × 8%로 계산

▶ IF 함수 사용

	A	B	C	D	E
1		세금계산서			
2	직급코드	근무년수	소득액	세금	
3	H9	16	3,500,000		
4	H10	8	2,700,000		
5	H9	5	2,300,000		
6	H3	13	3,000,000		
7	H7	3	1,800,000		
8	H8	1	1,500,000		
9					

◀ 'IF4(예제)' 시트

정답 [D3] 셀에 「=IF(B3>=10,C3*0.2,IF(B3>=5,C3*0.15,C3*0.08))」를 입력하고 [D8] 셀까지 수식 복사

02 논리곱(AND)을 구하자.

정 의	모든 논리식이 참(TRUE)일 경우에만 결과 값이 TRUE로 나타남	
형 식	=AND(논리식1, 논리식2, …)	
사용방법	=AND(10>5, 5>2)	→ TRUE (모두 참이기 때문에)

① 필기[B3:B7]와 실기[C3:C7]가 40 이상이고 평균[E3:E7]이 60 이상이면 '합격', 나머지는 '불합격'이라고 판정[F3:F7]에 표시하시오.

▶ IF와 AND 함수 사용

	A	B	C	D	E	F	G
1			컴퓨터활용 평가				
2	성명	필기	실기	총점	평균	판정	
3	김구호	75	45	120	60		
4	하창명	56	58	114	57		
5	민구연	38	24	62	31		
6	이상희	88	92	180	90		
7	오정민	83	39	122	61		
8							

◀ 'AND1(예제)' 시트

정답 [F3] 셀에 「=IF(AND(B3>=40,C3>=40,E3>=60),"합격","불합격")」를 입력하고 [F7] 셀까지 수식 복사

② 컴퓨터일반[B3:B8]과 워드[C3:C8]를 이용하여 합격여부를 [D3:D8]에 표시하시오.

▶ 합격여부는 컴퓨터일반과 워드의 평균이 60 이상이고, 워드가 70 이상이면 '합격', 그 이외에는 '불합격'으로 표기
▶ AND, AVERAGE와 IF 함수 사용

	A	B	C	D	E
1		사원현황			
2	사원명	컴퓨터일반	워드	합격여부	
3	이지연	65	75		
4	한가람	77	25		
5	오두영	85	62		
6	안치연	90	88		
7	명기영	45	55		
8	나미인	50	78		
9					

◀ 'AND2(예제)' 시트

정답 [D3] 셀에 「=IF(AND(AVERAGE(B3:C3)>=60,C3>=70),"합격","불합격")」를 입력하고 [D8] 셀까지 수식 복사

03 논리합(OR)을 구하자.

정 의	논리식 중에 하나라도 TRUE가 있을 경우 결과 값으로 TRUE를 구함	
형 식	=OR(논리식1, 논리식2, …)	
사용방법	=OR(10<5, 5<2)	→ FALSE (모두 거짓이기 때문에)

① 영어[B3:B9]나 전산[C3:C9] 점수가 80 이상이면 '합격', 그렇지 않으면 '불합격'으로 판정[D3:D9]에 표시하시오.

▶ IF와 OR 함수 사용

◀ 'OR1(예제)' 시트

정답 [D3] 셀에 「=IF(OR(B3>=80,C3>=80),"합격","불합격")」를 입력하고 [D9] 셀까지 수식 복사

② 주민등록번호[C3:C8]를 이용하여 성별[E3:E8]을 입력하시오.

▶ 주민등록번호의 앞에서 여덟 번째 숫자가 '1' 또는 '3'이면 '남', '2' 또는 '4'이면 '여'로 표기
▶ IF, OR, MID 함수 사용

	A	B	C	D	E	F
1			소아병원 환자명단			
2	진료일	환자명	주민등록번호		성별	
3	09월 09일	조영아	121019-4156347			
4	09월 10일	박근애	130215-4029834			
5	09월 11일	최진영	151113-3623718			
6	09월 12일	이필용	141209-3214591			
7	09월 13일	장세미	160129-4828731			
8	09월 14일	정대수	151212-3675234			
9						

◀ 'OR2(예제)' 시트

정답 [E3] 셀에 「=IF(OR(MID(C3,8,1)="1",MID(C3,8,1)="3"),"남","여")」를 입력하고 [E8] 셀까지 수식 복사

04 수식에서 오류가 발생할 경우 지정한 값을 반환하고, 그렇지 않으면 수식 결과(IFERROR)를 반환하자.

형 식	=IFERROR(수식, 값)	
사용방법	=IFERROR(4/가,"수식오류")	→ 수식오류

① 아래와 같은 수식으로 계산한 후, 오류가 발생하면 "계산오류"라고 [C3:C8] 영역에 표시하시오.

▶ 수식 : 결과 값 = 값1/값2

▲	A	B	C	D
1				
2	값1	값2	결과 값	
3	10	5		
4	35	없음		
5	40	8		
6	63	3		
7	64	4		
8	72	없음		
9				

◀ 'IFERROR(예제)' 시트

정답 [C3] 셀에 「=IFERROR(A3/B3,"계산오류")」를 입력하고 [C8] 셀까지 수식 복사

05 여러 조건에 대한 다른 결과 값(IFS)을 반환한다.

형 식	=IFS(조건식1, 값1, 조건식2, 값2, ...)	
사용방법	=IFS(C3>=90,"A",C3>=80,"B",C3>=70,"C",TRUE,"F")	[C3] 셀의 값이 95이면 'A'

① 영어시험[C3:C9]를 이용하여 등급[D3:D9]을 표시하시오.

▶ 영어시험이 90 이상이면 'A', 80 이상이면 'B', 70 이상이면 'C', 그 외는 'F'로 표시
▶ IFS 함수 사용

▲	A	B	C	D	E
1	상공주식회사 인사고과				
2	성명	부서	영어시험	등급	
3	김소연	경리부	95.8		
4	한현숙	영업부	88.5		
5	이유진	관리부	72.6		
6	박소진	영업부	61.9		
7	유진희	관리부	88		
8	이수정	영업부	69.5		
9	고아진	관리부	75.6		
10					

◀ 'IFS(예제) 시트'

정답 [D3] 셀에 「=IFS(C3>=90,"A",C3>=80,"B",C3>=70,"C",TRUE,"F")」를 입력하고 [D9] 셀까지 수식 복사

06 조건식의 결과에 따라 다른 값(SWITCH)을 반환한다.

형 식	=SWITCH(조건식, 결과값1, 반환값1, 결과값2, 반환값2, ...)	
사용방법	=SWITCH(B,"B","해피제과","G","참존제과","S","파랑제과")	해피제과

① 제품코드[A3:A12]를 이용하여 제작회사[E3:E12]을 표시하시오.

▶ 제품코드가 'B'로 시작하면 '해피제과', 'G'이면 '참존제과', 'S'이면 '파랑제과'로 표시

▶ SWITCH, LEFT 함수 사용

	A	B	C	D	E	F
1	제과류 분류표					
2	제품코드	성명	출시연도	단가(원)	제작회사	
3	BS-100	에이시	1974	500		
4	GU-200	짜아리톨	2000	500		
5	SN-300	꼬깔스넥	1983	500		
6	SN-301	멋동산	1975	700		
7	GI-200	쵸코파이	1974	500		
8	BI-301	오예에스	1984	400		
9	BS-101	체크칩스	1994	700		
10	GO-300	투우유	1987	500		
11	SN-302	고래밥	1984	500		
12	BI-202	마가레티	1987	300		
13						

◀ 'SWITCH(예제) 시트'

정답 [E3] 셀에 「=SWITCH(LEFT(A3,1),"B","해피제과","G","참존제과","S","파랑제과")」를 입력하고 [E12] 셀까지 수식 복사

데이터베이스 함수(데이터베이스.xlsx 파일 이용)

▶ 합격 강의

01 데이터베이스의 합계(DSUM)를 구하자.

형 식	=DSUM(데이터베이스 범위, 필드 번호, 조건 범위)	
사용방법	=DSUM(A2:E10,5,D12:D13)	[A2:E10] 영역에서 [D12:D13]의 조건(제품분류가 가전제품)인 데이터를 찾아 5번째 열(매출액)에서 합계를 구함

① 제품분류[A3:A10] 중 가전제품의 매출액[E3:E10] 합계를 계산하여 [E13] 셀에 표시하시오.

▶ DSUM, COUNTIF, DMAX 중 알맞은 함수를 선택하여 사용

	A	B	C	D	E	F
1	제품 판매 현황					
2	제품분류	품명	판매가	판매량	매출액	
3	화장품	립스틱	13,524	45	608,580	
4	가전제품	면도기	7,200	89	640,800	
5	사무용품	만년필	2,900	230	667,000	
6	사무용품	타자기	18,000	30	540,000	
7	가전제품	선풍기	30,625	120	3,675,000	
8	화장품	비누	2,600	120	312,000	
9	화장품	샴푸	5,460	325	1,774,500	
10	가전제품	전기담요	66,120	60	3,967,200	
11						
12				제품분류	매출액	
13				가전제품		
14						

정답 [E13] 셀에 「=DSUM(A2:E10,5,D12:D13)」를 입력

▲ 'DSUM(예제)' 시트

② 데이터베이스의 평균(DAVERAGE)을 구하자.

형 식	=DAVERAGE(데이터베이스 범위, 필드 번호, 조건 범위)	
사용방법	=DAVERAGE(A2:E9,C2,B2:B3)	[A2:E9] 영역에서 [B2:B3]의 조건(임대 평수가 40)인 데이터를 찾아 C열(임대료)에서 평균을 구함

① 임대평수가 40인 사무실의 임대료, 관리비, 부가세의 평균[C10:E10]을 구하시오.

▶ DAVERAGE, DMAX, DCOUNT 중 알맞은 함수를 선택하여 사용

	A	B	C	D	E	F
1			사무실 월 사용료 계산			
2	사무실	임대평수	임대료	관리비	부가세	
3	1-101	40	502,200	50,200	55,240	
4	1-102	35	439,425	43,925	48,335	
5	2-101	28	351,540	35,140	38,668	
6	2-102	40	495,000	49,500	54,450	
7	2-103	20	251,100	25,100	27,620	
8	3-101	40	451,000	45,100	49,610	
9	3-102	35	439,425	43,925	48,335	
10	40평 사무실 평균					
11						

◀ 'DAVERAGE(예제)' 시트

정답 [C10] 셀에 「=DAVERAGE($A$2:$E$9,C2,$B$2:$B$3)」를 입력하고 [E10] 셀까지 수식 복사

함수 설명

• 임대료, 관리비, 부가세의 평균을 구하는 문제이기 때문에 하나의 식으로 복사하여 사용이 가능하다.
• 공통적인 부분 : 데이터베이스 범위 [A2:E9], 조건 범위 [B2:B3]은 절대참조한다.
• 임대료, 관리비, 부가세 : 3, 4, 5 대신에 [C2], [D2], [E2]를 지정해도 된다.

③ 데이터베이스의 숫자 개수(DCOUNT)를 구하자.

형 식	=DCOUNT(데이터베이스 범위, 필드 번호, 조건 범위)	
사용방법	=DCOUNT(A2:C10,3,E5:E6)	[A2:C10] 영역에서 [E5:E6]의 조건(칼로리가 20을 초과)인 데이터를 찾아 3번째 열(칼로리)에서 숫자의 개수를 구함

① 칼로리가 20을 초과하는 식품의 수를 [E9] 셀에 계산하여 표시하시오.

	A	B	C	D	E	F
1		음식별 칼로리량				
2	식 품	분 량 (g)	칼로리			
3	시금치	100	24			
4	브로콜리	100	28			
5	양상추	100	11		칼로리	
6	아스파라거스	100	18		>20	
7	연근	100	53			
8	양배추	100	20		식품수	
9	무	100	16			
10	셀러리	100	8			
11						

◀ 'DCOUNT(예제)' 시트

정답 [E9] 셀에 「=DCOUNT(A2:C10,3,E5:E6)」를 입력

04 데이터베이스의 공백이 아닌 데이터의 개수(DCOUNTA)를 구하자.

형 식	=DCOUNTA(데이터베이스 범위, 필드 번호, 조건 범위)	
사용방법	=DCOUNTA(A2:D13,1,A15:B16)	[A2:D13] 영역에서 [A15:B16]의 조건(나이가 25세 이상이고 성별이 '여')인 데이터를 찾아 1번째 열(출신지역)에서 공백이 아닌 데이터의 개수를 구함

① 나이가 25세 이상이고 성별이 '여'인 사원의 수를 구하여 인원수[C16]에 표시하시오.

▶ COUNTA, DCOUNTA, COUNT 중 알맞은 함수를 선택하여 사용

	A	B	C	D	E
1		신입 사원 현황			
2	출신지역	이름	나이	성별	
3	서울	최보라	26	여	
4	부산	임미나	23	여	
5	경기	윤지덕	25	남	
6	충청	추하영	22	여	
7	강원	지영은	21	여	
8	제주	김영찬	25	남	
9	전라	안광식	26	남	
10	대구	유호경	27	남	
11	인천	이청우	28	여	
12	대전	김미나	29	여	
13	광주	심재훈	24	남	
14					
15	나이	성별	인원수		
16	>=25	여			
17					

▲ 'DCOUNTA(예제)' 시트

정답 [C16] 셀에 「=DCOUNTA(A2:D13,1, A15:B16)」를 입력

함수 설명
• '1' 대신에 2 또는 3, 4도 입력 가능하다.
• DCOUNTA는 문자가 들어있는 셀에서도 개수를 구한다.

05 데이터베이스의 최대값(DMAX)을 구하자.

형 식	=DMAX(데이터베이스 범위, 필드 번호, 조건 범위)	
사용방법	=DMAX(A1:D10,4,F3:F4)	[A1:D10] 영역에서 [F3:F4]의 조건(성별이 '여')인 데이터를 찾아 4번째 열(멀리뛰기)에서 최대값을 구함

① 성별의 값이 '여'인 경우 멀리뛰기의 최대값과 성별이 '남'인 경우 멀리뛰기의 최대값의 차이를 계산하여 [F10] 셀에 표시하시오.

▶ 최대값의 차이 = '여' 멀리뛰기 최대값 − '남' 멀리뛰기 최대값
▶ 최대값 차이값은 항상 양수로 나타내시오. [표기 예 : −5 → 5]
▶ ABS, DMAX 함수 사용

	A	B	C	D	E	F	G	H
1	번호	성별	이름	멀리뛰기				
2	1	여	윤예림	165				
3	2	남	윤예찬	180		성별	성별	
4	3	여	김민수	172		여	남	
5	4	남	김진수	198				
6	5	여	장승희	160				
7	6	남	김태호	178				
8	7	남	이진활	185				
9	8	여	이윤지	190		최대값 차이		
10	9	남	이시환	200				
11								

◀ 'DMAX(예제)' 시트

정답 [F10] 셀에 「=ABS(DMAX(A1:D10,4,F3:F4)−DMAX(A1:D10,4,G3:G4))」를 입력

06 데이터베이스의 최소값(DMIN)을 구하자.

형 식	=DMIN(데이터베이스 범위, 필드 번호, 조건 범위)	
사용방법	=DMIN(A2:C10,3,D5:D6)	[A2:C10] 영역에서 [D5:D6]의 조건(학과가 기계과)인 데이터를 찾아 3번째 열(성적)에서 최소값을 구함

① '학과'가 기계과인 학생들 중 최고성적과 최저성적의 차이를 [E6] 셀에 계산하시오.

▶ DMAX와 DMIN 함수 사용

▲	A	B	C	D	E	F
1		성적현황				
2	이름	학과	성적			
3	강소영	전자과	89.5			
4	이소영	기계과	91.6			
5	현승수	기계과	85.4	학과	차이값	
6	나하나	경영과	90.5	기계과		
7	장하나	경영과	93.6			
8	김장희	기계과	83.4			
9	이문성	경영과	78.5			
10	문혜성	전자과	81.7			
11						

◀ 'DMAX,DMIN(예제)' 시트

정답 [E6] 셀에 「=DMAX(A2:C10,3,D5:D6)−DMIN(A2:C10,3,D5:D6)」를 입력

---

07 데이터베이스의 표준편차(DSTDEV)를 구하자.

형 식	=DSTDEV(데이터베이스 범위, 필드 번호, 조건 범위)	
사용방법	=DSTDEV(A2:D11,D2,C2:C3)	[A2:D11] 영역에서 [C2:C3]의 조건(성별이 남)인 데이터를 찾아 4번째 열(성적)에서 표준편차를 구함

① 성별[C3:C11]이 '남'인 수험자의 성적[D3:D11]의 표준편차를 구하여 [D13] 셀에 표시하시오.

▶ 표준편차(남)은 올림하여 소수 1자리까지 표시 [표기 예 : 17.76 → 17.8]
▶ DAVERAGE, DSTDEV, ROUNDUP 중 알맞은 함수를 선택하여 사용

▲	A	B	C	D	E
1	채용 시험 성적				
2	수험번호	이름	성별	성적	
3	2025001	강진정	남	83	
4	2025002	김용민	여	67	
5	2025003	진경만	여	90	
6	2025004	박자희	남	71	
7	2025005	고현주	여	96	
8	2025006	성현이	여	98	
9	2025007	임수정	남	100	
10	2025008	주철한	남	53	
11	2025009	나혼정	여	45	
12					
13			표준편차(남)		
14					

◀ 'DSTDEV(예제)' 시트

정답 [D13] 셀에 「=ROUNDUP(DSTDEV(A2:D11,4,C2:C3),1)」를 입력

08 데이터베이스의 고유한 데이터(DGET)을 구하자.

형식	=DGET(데이터베이스 범위, 필드 번호, 조건 범위)	
사용방법	=DGET(A1:E11,1,G2:G3)	[A1:E11] 영역에서 [G2:G3]의 조건(6월에서 94 이상인)인 데이터를 찾아 1번째 열(수강생코드)에서 고유한 데이터를 구함

① 6월[E2:E11]의 점수가 '94' 이상인 수강생코드를 [표1]의 수강생코드[H3]에 계산하여 표시하시오.

▶ DMAX, DGET 중 알맞은 함수를 선택하여 사용

	A	B	C	D	E	F	G	H	I
1	수강생코드	3월	4월	5월	6월		[표1] 6월의 1등		
2	D03-04-09	72	68	88	75		6월	수강생코드	
3	D03-03-12	62	83	71	48		>=94		
4	D03-03-07	83	87	78	56				
5	D03-03-09	83	82	87	92				
6	D03-03-12	84	68	88	94				
7	D03-03-12	88	92	90	88				
8	D03-04-10	90	36	53	66				
9	D03-04-11	80	86	88	85				
10	D03-03-03	83	82	87	92				
11	D03-04-12	70	38	65	79				
12									

▲ 'DGET(예제)' 시트

정답 [H3] 셀에 「=DGET(A1:E11,1,G2:G3)」를 입력

문자열 함수(문자열.xlsx 파일 이용)

▶ 합격 강의

01 문자열의 왼쪽(LEFT)에서 문자를 추출하자.

형식	=LEFT(문자열, 구할 문자수)	
사용방법	=LEFT("KOREA",3)	→ KOR

① 학번[B3:B10]을 이용하여 입학년도[E3:E10]를 아래의 '표기 예' 방식으로 나타내시오.

▶ 표기 예 : 2025년   ▶ 학번의 처음 2자리가 입학년도임
▶ LEFT 함수와 연산자 & 사용

	A	B	C	D	E	F
1	동아리 회원 현황					
2	성명	학번	계열	학과	입학년도	
3	구영화	2421919	문과	철학		
4	조아영	2321934	사범	국어교육		
5	박천수	2251912	공과	전자		
6	안영자	2161905	의과	의예		
7	최경민	2090423	문과	사학		
8	김건호	2262007	의과	치의예		
9	오상철	2351845	공과	컴퓨터		
10	장성희	2431922	이과	수학		
11						

◀ 'LEFT1(예제)' 시트

정답 [E3] 셀에 「=20&LEFT(B3,2)&"년"」를 입력하고 [E10] 셀까지 수식 복사

02 문자열의 중간(MID)에서 문자를 추출하자.

형 식	=MID(문자열, 시작 위치, 문자수)	
사용방법	=MID("KOREA",3, 2)	→ RE

① 제품코드[A3:A12]의 앞에서 네 번째 자리가 '1'이면 '해피제과', '2'이면 '참존제과', '3'이면 '파랑제과'로 제작회사[E3:E12]에 표시하시오.

▶ CHOOSE와 MID 함수 사용

◀ 'MID1(예제)' 시트

정답 [E3] 셀에 「=CHOOSE(MID(A3,4,1),"해피제과","참존제과","파랑제과")」를 입력하고 [E12] 셀까지 수식 복사

② 관리코드[C3:C9]의 맨 앞에서 네 번째 숫자가 '1'이면 '센터', '2'이면 '포드', '3'이면 '가드'로 포지션 [E3:E9]에 표시하시오.

▶ IF와 MID 함수 사용

◢	A	B	C	D	E	F
1		농구선수명단				
2	팀명	선수명	관리코드	경력	**포지션**	
3	KCC	안전해	K99111	3년		
4	TG	이기자	T02322	1년		
5	SBS	왕눈이	S97101	5년		
6	LG	오골인	L94303	8년		
7	LG	최고인	L01202	2년		
8	TG	최수비	T89322	13년		
9	KCC	나도해	K95213	7년		
10						

◀ 'MID2(예제)' 시트

정답 [E3] 셀에 「=IF(MID(C3,4,1)="1","센터",IF(MID(C3,4,1)="2","포드","가드"))」를 입력하고 [E9] 셀까지 수식 복사

03 문자열의 오른쪽(RIGHT)에서 문자를 추출하자.

형 식	=RIGHT(문자열, 구할 문자수)	
사용방법	=RIGHT('KOREA',3)	→ REA

① 사원번호[A3:A10]를 이용하여 직책[E3:E10]을 나타내시오.

▶ 사원번호의 마지막 번호가 'P'이면 '부장', 'G'이면 '과장', 'S'이면 '사원'으로 표기

▶ IF와 RIGHT 함수 사용

	A	B	C	D	E	F
1			사내 서클회원 현황			
2	사원번호	사원명	부서	구내번호	직책	
3	9901S	고상수	영업부	101		
4	9603G	정진호	홍보부	203		
5	9211P	장영자	기획부	302		
6	9005P	안경자	홍보부	202		
7	9508G	조호철	기획부	303		
8	9804S	김성식	총무부	402		
9	9907S	이미나	영업부	103		
10	9403G	장철진	영업부	102		
11						

◀ 'RIGHT(예제)' 시트

정답 [E3] 셀에 「=IF(RIGHT(A3,1)="P","부장",IF(RIGHT(A3,1)="G","과장","사원"))」를 입력하고 [E10] 셀까지 수식 복사

---

04 영문자의 소문자(LOWER)로 변환하자.

형 식	=LOWER(문자열)	
사용방법	=LOWER('YOUNGJIN')	→ youngjin

① '...을'[B3:B5]에 표시되어 있는 영문 대문자를 소문자로 바꾸어 [C3:C5]에 표시하시오.

▶ LOWER 함수 사용

	A	B	C	D	E
1		원고 수정내용			
2	페이지	...을	...으로	비고	
3	23	(PAPERLESS)		위에서 3째줄	
4	46	(E-MAIL)		위에서 9째줄	
5	73	HTTP://WWW.		위에서 5째줄	
6					

◀ 'LOWER1(예제)' 시트

정답 [C3] 셀에 「=LOWER(B3)」를 입력하고 [C5] 셀까지 수식 복사

② 소문자로 [B3], 대문자로 [C3], 첫글자만 대문자로 [D3]에 함수를 이용하여 표시하시오.

▶ LOWER, UPPER, PROPER 함수 이용

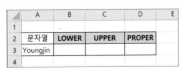

◀ 'LOWER2(예제)' 시트

정답 [B3] 셀에 「=LOWER(A3)」를 입력
[C3] 셀에 「=UPPER(A3)」를 입력
[D3] 셀에 「=PROPER(A3)」를 입력

05 영문자의 첫 글자만 대문자(PROPER)로 변환하자.

형 식	=PROPER(문자열)	
사용방법	=PROPER('youngjin')	→ Youngjin

① 현재[B3:B5]에 표시되어 있는 영문자의 첫글자만 대문자로 되도록 수정[C3:C5]에 표시하시오.
▶ PROPER 함수 사용

▲	A	B	C	D	E
1	영어단어 교정				
2	시트 번호	현재	수정	비고	
3	Sheet1	average		표2	
4	Sheet2	total		표7	
5	Sheet3	sum		표12	
6					

◀ 'PROPER(예제)' 시트

정답 [C3] 셀에 「=PROPER(B3)」를 입력하고 [C5] 셀까지 수식 복사

06 영문자의 대문자(UPPER)로 변환하자.

형 식	=UPPER(문자열)	
사용방법	=UPPER('youngjin')	→ YOUNGJIN

① [표1]에서 팀명[B3:B8]에 대해 전체 문자를 대문자로 변환하고, 국가[C3:C8]에 대해 첫 문자를 대문자로 변환하여 팀명(국가)[D3:D8]에 표시하시오.
▶ 표시 예 : 팀명이 'star', 국가가 'korea'인 경우 'STAR(Korea)'로 표시
▶ UPPER와 & 연산자, PROPER 함수 이용

▲	A	B	C	D	E
1	[표1] 세계 클럽컵 축구대회				
2	순위	팀명	국가	팀명(국가)	
3	1	susung	korea		
4	2	baroserona	spain		
5	3	chelsy	england		
6	4	roma	italy		
7	5	hoven	netherlands		
8	6	isac	france		
9					

◀ 'UPPER(예제)' 시트

정답 [D3] 셀에 「=UPPER(B3)&"("&PROPER(C3)&")"」를 입력하고 [D8] 셀까지 수식 복사

07 문자열의 일부를 다른 문자열로 바꾸자(REPLACE).

형 식	=REPLACE(문자열, 시작위치, 문자수, 변환문자열)	
사용방법	=REPLACE("Win98",4,2,"XP")	→ WinXP

① 코드 체계표[A3:A7]에서 'KO'를 찾아 'MN'으로 바꾸어 [B3:B7]에 표시하시오.

▶ REPLACE 함수 사용

◀ 'REPLACE(예제)' 시트

정답 [B3] 셀에 「=REPLACE(A3,9,2,"MN")」를 입력하고 [B7] 셀까지 수식 복사

08 문자열의 일부를 다른 문자열로 바꾸자(SUBSTITUTE).

형 식	=SUBSTITUTE(문자열, 검색문자열, 치환문자열)	
사용방법	=SUBSTITUTE("Win7","7","10")	→ Win10

① 문자열[B5:B7]에서 오른쪽 2개를 추출하여 '16'으로 변환하여 결과값[C5:C7]에 표시하시오.

▶ SUBSTITUTE 함수 사용

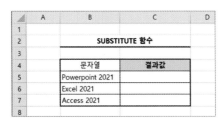

◀ 'SUBSTITUTE(예제)' 시트

정답 [C5] 셀에 「=SUBSTITUTE(B5,RIGHT(B5,2),"16")」를 입력하고 [C7] 셀까지 수식 복사

09 문자열의 길이(LEN)를 구하자.

형 식	=LEN(문자열)	
사용방법	=LEN("영진출판사")	→ 5

① LEN 함수를 이용하여 문자열[B4:B7]의 문자열의 길이를 [C4:C7]에 표시하시오.

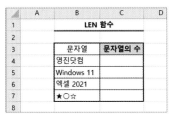

◀ 'LEN1(예제)' 시트

정답 [C4] 셀에 「=LEN(B4)」를 입력하고 [C7] 셀까지 수식 복사

② 초과강의명[A2:A5]을 이용하여 강의기호[B2:B5]를 구하시오.

▶ 강의기호는 초과강의명 뒤의 4 글자를 뺀 나머지이며, 대문자로 표시
▶ UPPER, LEFT, LEN 함수 사용

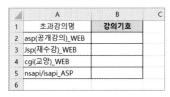

◀ 'LEN2(예제)' 시트

정답 [B2] 셀에 「=UPPER(LEFT(A2,LEN(A2)−4))」를 입력하고 [B5] 셀까지 수식 복사

10 수치를 지정한 서식의 문자열로 변환하자(TEXT).

형 식	=TEXT(수치 값, 표시형식)	
사용방법	=TEXT(45769,"yyyy−mm−dd")	→ 2025−04−22

① [B3:B13] 영역에 아래와 같이 입력하여 표시 형식을 확인해 보자.

▶ TEXT 함수 사용

◀ 'TEXT(예제)' 시트

◀ 'TEXT(결과)' 시트

⑪ 수치를 지정한 서식의 문자열로 변환하자(FIXED).

형 식	=FIXED(수치, 소수점 이하 자릿수, 콤마 표시 여부 지정)	
사용방법	=FIXED(2345.67,1,FALSE)	→ 2,345.7 (FALSE는 콤마를 표시, TRUE는 콤마 생략)

① 수치값[B5:B9], 소수 자릿수[C5:C9], 쉼표표시여부[D5:D9]를 이용하여 각 결과값[E5:E9]을 구해보자.

▶ FIXED 함수 사용

	A	B	C	D	E	F
1						
2			**FIXED 함수**			
3						
4		수치값	소수 자릿수	쉼표표시여부	결과값	
5		12345.68	-2	FALSE		
6		12345.68	-1	TRUE		
7		12345.68	0	FALSE		
8		12345.68	1	TRUE		
9		12345.68	2	FALSE		
10						

◀ 'FIXED(예제)' 시트

정답 [E5] 셀에 「=FIXED(B5,C5,D5)」를 입력하고 [E9] 셀까지 수식 복사

⑫ 여러 문자열을 합하자(CONCAT).

형 식	=CONCAT(문자열1, 문자열2, …)	
사용방법	=CONCAT("EXCEL",2021,"함수")	→ EXCEL2021함수

① 주소[E3:E9] 영역에 주소1, 주소2, 주소3을 합쳐서 주소1과 주소2 사이, 주소2와 주소3 사이의 한 칸의 공백을 삽입하여 하나의 주소로 표시하시오.

▶ CONCAT 함수 사용

	A	B	C	D	E	F
1						
2	이름	주소1	주소2	주소3	**주소**	
3	홍민영	성남시	중원구	태평동		
4	이은영	서울시	동작구	사당동		
5	박은경	서울시	은평구	갈현동		
6	김소연	부천시	원미구	중1동		
7	이소영	서울시	송파구	잠실1동		
8	변주연	수원시	팔달구	영통동		
9	이명선	서울시	관악구	봉천동		
10						

◀ 'CONCAT(예제)' 시트

정답 [E3] 셀에 「=CONCAT(B3,"",C3,"",D3)」를 입력하고 [E9] 셀까지 수식 복사

⑬ 문자열을 수치로 변환하자(VALUE).

형 식	=VALUE(문자열)	
사용방법	=VALUE("2025–05–10")	→ 45787

① 변환이전 값[B5:B10]의 문자열을 결과값[C5:C10]에 수치로 변환하여 보자.

▶ VALUE 함수 사용

◀ 'VALUE1(예제)' 시트

정답 [C5] 셀에 「=VALUE(B5)」를 입력하고 [C10] 셀까지 수식 복사

② [표2]의 데이터를 이용하여 [표1]의 [C3:C11] 영역에 '부서명'을 찾아 구하시오.

▶ 코드는 업무코드의 첫째 자리 숫자를 이용하시오.

▶ LEFT, VALUE, VLOOKUP 함수를 이용하시오.

	A	B	C	D	E	F	G	H	I
1	[표1]				[표2]				
2	성명	업무코드	부서명		코드	팀1	팀2	부서명	
3	조예슬	13			1	입고	출고	총무부	
4	김세환	35			2	인사	급여	인사부	
5	김형대	43			3	내수	수출	영업부	
6	박영훈	53			4	국내	해외	기술지원부	
7	방극준	22			5	관리	실무	비서실	
8	안기순	63			6	기획	내사	감사실	
9	안유경	54							
10	유옹구	14							
11	이원섭	54							
12									

◀ 'VALUE2(예제)' 시트

정답 [C3] 셀에 「=VLOOKUP(VALUE(LEFT(B3,1)),$E$3:$H$8,4,0)」를 입력하고 [C11] 셀까지 수식 복사

⑭ 두 텍스트 값이 정확하게 일치(EXACT)하는지 검사하자.

형식	=EXACT(텍스트1, 텍스트2)	
사용방법	=EXACT("EXCEL","EXCEL")	→ TRUE
	=EXACT("EXCEL","excel")	→ FALSE

① 텍스트1[A3:A8]과 텍스트2[B3:B8] 값이 정확하게 일치하는지를 동일여부[C3:C8]에 표시하시오.

▶ EXACT 함수 사용

	A	B	C	D
1				
2	텍스트1	텍스트2	동일여부	
3	쉽게 배우는 엑셀	쉽게 배우는 엑셀		
4	컴퓨터	컴퓨터		
5	EXCEL	EXCEL		
6	EXCEL	excel		
7	함수 찾기	함수 찾기		
8	120000	122100		
9				

◀ 'EXACT(예제)' 시트

정답 [C3] 셀에 「=EXACT(A3,B3)」를 입력하고 [C8] 셀까지 수식 복사

🄵 기적의 TIP

EXACT는 대/소문자와 띄어쓰기를 구분합니다.

---

⑮ 원하는 텍스트를 찾아보자(FIND).

형식	=FIND(찾을 텍스트, 찾을 텍스트를 포함한 텍스트)	
사용방법	=FIND("X","EXCEL")	→ 2

① 책[A3:A8]에서 "#" 앞에 있는 책이름만을 추출하여 [B3:B8]에 표시하시오.

▶ FIND 함수 사용

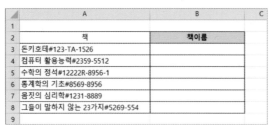

	A	B	C
1			
2	책	책이름	
3	돈키호테#123-TA-1526		
4	컴퓨터 활용능력#2359-5512		
5	수학의 정석#12222R-8956-1		
6	통계학의 기초#8569-8956		
7	몸짓의 심리학#1231-8889		
8	그들이 말하지 않는 23가지#5269-554		
9			

◀ 'FIND(예제)' 시트

정답 [B3] 셀에 「=MID(A3,1,FIND("#",A3)−1)」를 입력하고 [B8] 셀까지 수식 복사

🄵 기적의 TIP

1. 찾고자 하는 텍스트가 있으면 위치 값을, 없으면 #VALUE! 오류 메세지를 반환합니다.
2. 대소문자를 구분하며 와일드카드 문자(*,?)를 사용할 수 없습니다.

⓰ 텍스트를 주어진 횟수만큼 반복(REPT)하자.

형 식	=REPT(반복할 텍스트, 반복할 횟수)	
사용방법	=REPT("*",5)	→ *****

① '★'를 포인트 점수만큼 도형으로 표시[C3:C7]에 반복해서 나타내시오.

▶ REPT 함수 사용

	A	B	C	D
1				
2	이름	포인트 점수	도형으로 표시	
3	김승윤	3		
4	장미진	6		
5	김지형	7		
6	이승운	8		
7	강혜정	2		
8				

◀ 'REPT(예제)' 시트

정답 [C3] 셀에 「=REPT("★",B3)」를 입력하고 [C7] 셀까지 수식 복사

B 기적의 TIP

REPT 함수의 결과는 32,767자 이하여야 하며 이보다 긴 경우 #VALUE! 오류 메세지가 반환됩니다.

⓱ 텍스트 값에서 다른 텍스트 값(SEARCH)을 찾아 시작 위치를 구하자.

형 식	=SEARCH(찾을 텍스트, 찾을 텍스트가 포함한 텍스트)	
사용방법	=SEARCH("n","printer")	→ 4

① 내용[B3:B7]에서 찾는 문자[A3:A7]를 찾아 시작위치를 SEARCH[C3:C7]에 표시하시오.

▶ SEARCH 함수 사용

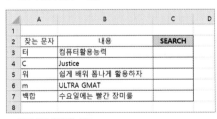

	A	B	C	D
1				
2	찾는 문자	내용	SEARCH	
3	터	컴퓨터활용능력		
4	C	Justice		
5	워	쉽게 배워 폼나게 활용하자		
6	m	ULTRA GMAT		
7	백합	수요일에는 빨간 장미를		
8				

▲ 'SEARCH(예제)' 시트

	A	B	C	D
1				
2	찾는 문자	내용	SEARCH	
3	터	컴퓨터활용능력	3	
4	C	Justice	6	
5	워	쉽게 배워 폼나게 활용하자	5	
6	m	ULTRA GMAT	8	
7	백합	수요일에는 빨간 장미를	#VALUE!	
8				

▲ 'SEARCH(결과)' 시트

정답 [C3] 셀에 「=SEARCH(A3,B3)」를 입력하고 [C7] 셀까지 수식 복사

B 기적의 TIP

1. 찾고자 하는 텍스트가 있으면 위치 값을, 없으면 #VALUE! 오류 메세지를 반환합니다.
2. 대소문자를 구분하지 않으며 와일드카드 문자(*,?)를 사용할 수 있습니다.

▶ 합격 강의

01 총합(SUM)을 구하자.

형 식	=SUM(수치1, 수치2, …)	
사용방법	=SUM(10,20,30)	→ 60

① 각 지점의 재고수량[D4:D10]을 누계하여 재고누계[E4:E10]에 표시하시오.

▶ SUM, SUMIF, DSUM 중 알맞은 함수를 선택하여 사용

	A	B	C	D	E	F
1			지점별 재고 현황			
2					단위: 대	
3	지점	매입수량	판매수량	재고수량	재고누계	
4	부산	3,382	3,299	83		
5	영등포	2,290	1,567	723		
6	강북	3,457	3,420	37		
7	강서	1,578	1,578	-		
8	강동	2,106	2,000	106		
9	강남	4,250	4,239	11		
10	광주	2,350	2,278	72		
11						

◀ 'SUM1(예제)' 시트

[정답] [E4] 셀에 「=SUM($D$4:D4)」를 입력하고 [E10] 셀까지 수식 복사

② 필기 시험 평가에서 영어[B3:B10], 전산[C3:C10], 상식[D3:D10]의 세 과목합계가 270 이상이면 '우수상', 그 외에는 공란으로 평가[E3:E10]에 표시하시오.

▶ IF, SUM 함수 사용

	A	B	C	D	E	F
1	필기 시험 평가					
2	성명	영어	전산	상식	평가	
3	장혁준	75	86	85		
4	이선돌	92	89	94		
5	민영호	50	98	90		
6	곽태우	55	90	95		
7	전준호	65	85	70		
8	박태식	75	65	40		
9	차만석	86	100	95		
10	이미자	85	68	98		
11						

◀ 'SUM2(예제)' 시트

[정답] [E3] 셀에 「=IF(SUM(B3:D3)>=270,"우수상","")」를 입력하고 [E10] 셀까지 수식 복사

02 반올림(ROUND)을 하자.

형 식	=ROUND(수치, 자릿수)			
사용방법	=ROUND(3.14156,2)	→ 3.14	=ROUND(1567,-2)	→ 1600

① 측정치[B4:B8]를 소수점 둘째 자리까지 나타나도록 조정하여 조정 측정치[C4:C8]에 표시하시오.

▶ ROUND, ROUNDDOWN, ROUNDUP 함수 중 알맞은 함수를 이용
▶ 단, 소수점 이하 3번째 자리에서 반올림함

	A	B	C	D
1	서울 산성비(Ph) 측정 현황			
2				
3	조사시기	측정치	조정 측정치	
4	2025. 6	6.35479		
5	2025. 5	6.213459		
6	2025. 4	6.285789		
7	2025. 3	5.784565		
8	2025. 2	6.012423		
9				

◀ 'ROUND1(예제)' 시트

정답 [C4] 셀에 「=ROUND(B4,2)」를 입력하고 [C8] 셀까지 수식 복사

② '출신고'가 '우주고'인 학생들의 종합[E3:E12] 점수의 평균을 구하여 [C15]에 표시하시오.

▶ 우주고 종합 평균은 소수점 이하 둘째 자리에서 반올림하여 표시하시오. [예 : 64.66 → 64.7]
▶ ROUND와 DAVERAGE 함수 사용

	A	B	C	D	E	F
1	경시대회 성적					
2	성명	출신고	필기	실기	종합	
3	고영인	우주고	77	97	87	
4	성수영	대한고	77	89	83	
5	은혜영	상공고	56	76	66	
6	남민철	대한고	88	80	84	
7	구정철	우주고	88	93	90.5	
8	박대철	우주고	91	67	79	
9	전소영	상공고	85	56	70.5	
10	여혜경	우주고	76	89	82.5	
11	기민해	대한고	34	90	62	
12	변진철	상공고	59	91	75	
13						
14			우주고 종합 평균			
15						
16						

◀ 'ROUND2(예제)' 시트

정답 [C15] 셀에 「=ROUND(DAVERAGE(A2:E12,E2,B2:B3),1)」를 입력

03 올림(ROUNDUP)을 하자.

형 식	=ROUNDUP(수치, 자릿수)			
사용방법	=ROUNDUP(3.14156,2)	→ 3.15	=ROUNDUP(1567,−2)	→ 1600

① **품목[A4:A8]이 '세탁기'인 자료의 매출액[D3:D8]의 합계를 구하여 [E5] 셀에 표시하시오.**

▶ 세탁기 품목의 매출액합계는 백 단위에서 올림하여 천 단위까지 표기

[예 : 124,780 → 125,000]

▶ DSUM과 ROUNDUP 함수 사용

	A	B	C	D	E	F	G	H
1	가전제품 판매현황							
2	품목	수량	단가	매출액				
3	세탁기	15	1,575	23,625				
4	DVD 재생	20	3,287	65,740	세탁기 품목의 매출액합계			
5	냉장고	13	1,795	23,335				
6	DVD 재생	18	3,687	66,366				
7	세탁기	11	2,874	31,614				
8	세탁기	15	12,959	194,385				
9								

◀ 'ROUNDUP(예제)' 시트

정답 [E5] 셀에 「=ROUNDUP(DSUM(A2:D8,D2,A2:A3),−3)」를 입력

04 내림(ROUNDDOWN)을 하자.

형 식	=ROUNDDOWN(수치, 자릿수)			
사용방법	=ROUNDDOWN(3.14156,2)	→ 3.14	=ROUNDDOWN(1567,−2)	→ 1500

① **총지급액[D4:D9]을 다음과 같이 조정하여 조정지급액[E4:E9]에 표시하시오.**

▶ 천 단위 미만은 내림하여 표시할 것 [예 : 521,663 → 521,000]

▶ ROUND, ROUNDUP, ROUNDDOWN 중 알맞은 함수를 이용

	A	B	C	D	E	F
1		휴가비 지급 내역서				
2					(단위:원)	
3	사원명	휴가비	특별휴가비	총지급액	조정지급액	
4	김성원	234,543	33,345	267,888		
5	최지성	455,654	65,655	521,309		
6	노재성	576,767	56,565	633,332		
7	성지영	565,454	57,678	623,132		
8	피천동	787,897	76,766	864,663		
9	심양섭	788,877	78,787	867,664		
10						

◀ 'ROUNDDOWN(예제)' 시트

정답 [E4] 셀에 「=ROUNDDOWN(D4,−3)」를 입력하고 [E9] 셀까지 수식 복사

05 조건에 맞는 값의 총합(SUMIF)을 구하자.

형 식	=SUMIF(범위, 검색조건, 합계범위)	
사용방법	=SUMIF(A1:A10,">=40",C1:C10)	[A1:A10] 영역의 수치에서 40 이상의 데이터가 있는 경우에 [C1:C10] 에 대응하는 곳에 있는 데이터의 합계를 구함

① 경력[C3:C7]이 10년 이상 되는 사원의 수당[D3:D7]의 합을 [D8]에 구하시오.

▶ SUMIF, COUNTIF 중 알맞은 함수를 선택하여 사용

	A	B	C	D	E
1		사원 현황			
2		이름	경력	수당	
3		이민호	17	100,000	
4		최창수	10	60,000	
5		박지은	15	80,000	
6		연지연	2	20,000	
7		한상호	5	40,000	
8		**10년 이상 사원 수당 합**			
9					

◀ 'SUMIF1(예제)' 시트

정답 [D8] 셀에 「=SUMIF(C2:C7,">=10",D2:D7)」, 또는 「=SUMIF(C3:C7,">=10",D3:D7)」를 입력

② A-Market, B-Market의 가격차이[D2:D7]가 0보다 작은 A-Market의 상품의 가격합계를 [F7] 셀에 표시하시오.

▶ SUMIF, COUNTIF 중 알맞은 함수 사용

	A	B	C	D	E	F	G
1	상품	A-Market	B-Market	가격차이			
2	어린이바스	5,490	4,980	510			
3	바디클린저	6,470	5,100	1,370			
4	헤어샴프	5,520	5,100	420			
5	선크림	6,500	7,400	-900			
6	풋케어1	5,200	4,800	400		**A-Market**	
7	핸드케어	4,800	5,200	-400			
8							

◀ 'SUMIF2(예제)' 시트

정답 [F7] 셀에 「=SUMIF(D2:D7,"<0",B2:B7)」를 입력

③ 판매금액[D3:D15]을 이용하여 상공문고의 판매금액 합계를 [D17:D19] 영역에 표시하시오.

▶ 상공문고 판매금액 합계의 십의 자리는 올림하여 표시하시오. [예 : 905,994 → 906,000]
▶ ROUNDUP와 SUMIF 함수 사용

	A	B	C	D	E
1	도서 거래 현황				
2	서점명	출고단가	거래량	판매금액	
3	세종서점	5763	15	86,445	
4	상공문고	4567	21	95,907	
5	대한서적	4532	16	72,512	
6	대한서적	6231	17	105,927	
7	세종서점	6520	18	117,360	
8	상공문고	9870	32	315,840	
9	세종서점	7450	25	186,250	
10	대한서적	6543	18	117,774	
11	상공문고	6289	23	144,647	
12	대한서적	5546	23	127,558	
13	세종서점	6800	25	170,000	
14	대한서적	8700	25	217,500	
15	상공문고	7600	46	349,600	
16					
17		상공문고 판매금액 합계			
18		세종서점 판매금액 합계			
19		대한서적 판매금액 합계			
20					

◀ 'SUMIF3(예제)' 시트

정답 [D17] 셀에 「=ROUNDUP(SUMIF($A$3:$A$15,B17,$D$3:$D$15),−2)」를 입력하고 [D19] 셀까지 수식 복사

④ 집행금액이 200,000 이상 300,000 미만인 금액의 총합을 구하여 [D3] 셀에 표시하시오.

▶ SUMIF 함수 사용

	A	B	C	D	E	F	G
1		대출금 집행내역					
2	이름	날짜	집행금액	200000~300000원 집행금액의 합계			
3	김미라	04월 02일	250,000				
4	강은철	04월 05일	345,000				
5	고아라	04월 08일	705,000				
6	김성일	04월 15일	120,000				
7	감우성	04월 17일	234,000				
8	오빈나	04월 21일	123,500				
9	김시은	04월 28일	258,000				
10							

◀ 'SUMIF4(예제)' 시트

정답 [D3] 셀에 「=SUMIF(C3:C9,">=200000",C3:C9)−SUMIF(C3:C9,">=300000",C3:C9)」, 또는 「=SUMIF(C3:C9,">=200000")−SUMIF(C3:C9,">=300000")」를 입력

06 절대값(ABS)을 구하자.

형 식	=ABS(수치)	
사용방법	=ABS(−2002)	→ 2002 (절대값은 음수와 양수에서 +, −를 뗀 수를 말함)

① '신촌' 소속의 영업평가의 합계와 '종로' 소속의 영업평가의 합계의 차이를 구하여 [B15] 셀에 절대값으로 표시하시오.

▶ ABS와 SUMIF 함수 사용

	A	B	C	D
1		영업실적 현황		
2	성명	소속	영업평가	
3	박정호	신촌	73	
4	신정희	종로	92	
5	김용태	구로	98	
6	김진영	신촌	65	
7	유현숙	종로	69	
8	최정렬	신촌	80	
9	강창희	신촌	86	
10	천영주	종로	85	
11	박인수	구로	68	
12	장인구	종로	80	
13				
14		영업평가 차이값		
15				
16				

◀ 'ABS1(예제)' 시트

정답 [B15] 셀에 「=ABS(SUMIF(B3:B12,"신촌",C3:C12)−SUMIF(B3:B12,"종로",C3:C12))」를 입력

② 판매점[A3:A9]이 '중구'인 냉장고[B3:B9]의 최대수량에서 판매점[A3:A9]이 '중구'인 세탁기[D3:D9]의 최소수량의 차이를 구하여 [A12] 셀에 표시하시오.

▶ 중구지점의 냉장고 최대수량과 중구지점의 세탁기 최소수량의 차이는 항상 양수 값을 갖도록 계산
▶ ABS, DMAX, DMIN 함수 사용

	A	B	C	D	E	F	G
1	매출 판매 수량 집계				(단위 : 대)		
2	판매점	냉장고	홈시어터	세탁기	합계		
3	중구	78	86	75	239		
4	동구	85	86	95	266		
5	중구	98	78	98	274		
6	북구	100	95	98	293		
7	동구	85	75	75	235		
8	중구	100	95	98	293		
9	북구	85	75	75	235		
10							
11	중구지점의 냉장고 최대수량과 중구지점의 세탁기 최소수량의 차이						
12							
13							

◀ 'ABS2(예제)' 시트

정답 [A12] 셀에 「=ABS(DMAX(A2:E9,B2,A2:A3)−DMIN(A2:E9,D2,A2:A3))」를 입력

07 나눗셈의 나머지(MOD)를 구하자.

형 식	=MOD(수치, 나누는 수)	
사용방법	=MOD(10,3)	→ 1

① 각 품목의 생산량[B2:B6]을 상자당 개수[C2:C6]에 맞추어 상자에 담아 출하시키고 남는 나머지[D2:D6]를 표시하시오.

▶ MOD, MODE.SNGL, INT 중 알맞은 함수를 선택하여 사용

▲	A	B	C	D	E
1	품목	생산량	상자당 개수	나머지	
2	사과	250	24		
3	배	170	16		
4	복숭아	330	30		
5	오렌지	290	17		
6	감	560	34		
7					

◀ 'MOD1(예제)' 시트

정답 [D2] 셀에 「=MOD(B2,C2)」를 입력하고 [D6] 셀까지 수식 복사

② 세대수[B3:B11]의 숫자가 짝수이면 짝수, 홀수이면 홀수라고 짝홀수[C3:C11]에 표시하시오.

▶ IF와 MOD 함수 사용

▲	A	B	C	D
1	지역별 세대수 현황			
2	지역	세대수	짝홀수	
3	경기도	253,875		
4	강원도	150,770		
5	충청북도	159,441		
6	충청남도	270,016		
7	전라북도	269,507		
8	전라남도	408,708		
9	경상북도	405,806		
10	경상남도	355,713		
11	제주도	48,996		
12				

◀ 'MOD2(예제)' 시트

정답 [C3] 셀에 「=IF(MOD(B3,2)=0,"짝수","홀수")」를 입력하고 [C11] 셀까지 수식 복사

③ 차량번호[A4:A8]를 이용하여 차량 5부제를 실시하려 한다. 차량번호의 끝자리가 1과 6인 경우 '월', 2와 7인
경우 '화', 3과 8인 경우 '수', 4와 9인 경우 '목', 5와 0인 경우 '금'으로 쉬는날[C4:C8] 영역에 표시하시오.

▶ IF, MOD, RIGHT 함수 사용

◀ 'MOD3(예제)' 시트

정답 [C4] 셀에 「=IF(MOD(RIGHT(A4,1),5)=1,"월",IF(MOD(RIGHT(A4,1),5)=2,"화",IF(MOD(RIGHT(A4,1),5)=3,"수",IF
(MOD(RIGHT(A4,1),5)=4,"목","금"))))」를 입력하고 [C8] 셀까지 수식 복사

08 수치를 넘지 않는 최대 정수(INT)를 구하자.

형식	=INT(수치)			
사용방법	=INT(3.14156)	→ 3	=INT(−10.8)	→ −11

① 건구온도와 습구온도를 이용하여, 불쾌지수[D3:D9]를 표시하시오.

▶ 불쾌지수 = (건구온도 + 습구온도) X 0.72 + 40.6
▶ 불쾌지수는 정수로 표시하시오. [표기 예 : 66.736 → 66]
▶ ABS, INT, FACT, RAND, PI 중 알맞은 함수 사용

	A	B	C	D	E
1					
2	일자	건구온도	습구온도	불쾌지수	
3	08월 15일	30.4	30		
4	08월 16일	29.6	45		
5	08월 17일	28.7	32		
6	08월 18일	26.3	10		
7	08월 19일	26.7	15		
8	08월 20일	25	20		
9	08월 21일	23.1	30		
10					

◀ 'INT(예제)' 시트

정답 [D3] 셀에 「=INT((B3+C3)＊0.72+40.6)」를 입력하고 [D9] 셀까지 수식 복사

09 소수점 아래를 버린 정수(TRUNC)를 구하자.

형 식	=TRUNC(수치, [자리수])			
사용방법	=TRUNC(3.14156)	→ 3	=TRUNC(-10,8)	→ -10

① 각 학생들의 중간, 수행, 기말 점수에 대한 평균을 구하여 평균[E3:E9]에 표시하시오.

▶ 반올림 없이 소수 이하 첫째자리까지 표시하시오. [예 : 94.37 → 94.3]

▶ AVERAGE와 TRUNC 함수 사용

	A	B	C	D	E	F
1	1학기 국어 성적					
2	성명	중간	수행	기말	평균	
3	김정훈	78.45	45.78	87.23		
4	오석현	88.79	87.34	90.45		
5	이영선	92.45	80.23	78.23		
6	임현재	88.45	77.54	98.56		
7	남정왕	88.66	89.12	89.54		
8	고문섭	90	90.23	77.45		
9	라동훈	48.54	94.35	67.79		
10						

◀ 'TRUNC(예제)' 시트

정답 [E3] 셀에 「=TRUNC(AVERAGE(B3:D3),1)」를 입력하고 [E9] 셀까지 수식 복사

함수 설명

INT와 TRUNC의 양의 값은 서로 같은 값을 결과로 산출하지만, 음의 값에서는 INT(수치)=TRUNC(수치) - 1이 성립된다.

10 수치를 모두 곱(PRODUCT)한 결과를 계산하자.

형 식	=PRODUCT(수치1, 수치2, ...)	
사용방법	=PRODUCT(2,3,5)	→ 30 (= 2 × 3 × 5)

① 판매량[C3:C11], 단가[D3:D11], 원가비율[E3:E11]을 이용한 구입원가[F3:F11]를 반드시 함수를 사용하여 구하시오.

▶ 구입원가 = 판매량 × 단가 × 원가비율

▶ SUM, AVERAGE, PRODUCT 중 알맞은 함수 사용

	A	B	C	D	E	F	G	H
1	제품별 판매 현황					단위:천원		
2	제품코드	등급	판매량	단가	원가비율	구입원가	할인율	
3	tv-a	고급형	35	1,200	70%		3%	
4	tv-b	중급형	60	800	60%		5%	
5	tv-c	보급형	120	600	55%		10%	
6	vtr-b	중급형	10	800	70%		0%	
7	vtr-b	중급형	34	1,200	60%		3%	
8	vtr-c	보급형	60	800	55%		5%	
9	aud-a	고급형	25	600	70%		0%	
10	aud-b	중급형	54	800	60%		5%	
11	aud-c	고급형	110	500	55%		10%	
12								

정답 [F3] 셀에 「=PRODUCT(C3,D3,E3)」를 입력하고 [F11] 셀까지 수식 복사

▲ 'PRODUCT(예제)' 시트

⑪ 배열의 해당 요소를 모두 곱하여 합(SUMPRODUCT)을 계산하자.

형식	=SUMPRODUCT(배열1[,배열2,배열3, …])	
사용방법	=SUMPRODUCT(A1:C3,A5:C7)	2개의 배열, 즉 [A1:C3]와 [A5:C7]에서 대응하는 요소의 곱한 결과의 합계를 계산함

① [표2]의 [G7:G11] 영역에 개인별 투자성적 평균점수를 계산하여 표시하시오.

▶ '평균점수'는 각 연습의 성적에 연습별 가중치를 곱한 값들의 합으로 계산

▶ 연습별 가중치는 [표1]의 영역 참조

▶ '평균점수'는 소수점 이하 첫째 자리에서 반올림하여 표시하시오. [예 : 80.0 → 80]

▶ ROUND와 SUMPRODUCT 함수 사용

	A	B	C	D	E	F	G	H
1		[표1]						
2		구분	연습1	연습2	연습3	연습4		
3		가중치	10%	20%	30%	40%		
4								
5		[표2]						
6		이름	연습1	연습2	연습3	연습4	평균점수	
7		김세환	85	60	85	85		
8		황선철	90	93	71	90		
9		유제관	75	80	71	60		
10		고수정	85	82	63	90		
11		도경민	89	79	91	93		
12								

◀ 'SUMPRODUCT1(예제)' 시트

정답 [G7] 셀에 「=ROUND(SUMPRODUCT(C7:F7,$C$3:$F$3),0)」를 입력하고 [G11] 셀까지 수식 복사

② [G7:G12]의 영역에 평가점수를 계산하여 표시하시오.

▶ '평가점수'는 각 항목 점수에 항목별 가중치를 곱한 값들의 합으로 계산

▶ 항목별 가중치는 [표1]의 [A2:E3] 영역 참조

▶ SUMPRODUCT 함수 사용

	A	B	C	D	E	F	G	H
1	[표1]		항목별 가중치					
2	항목	직무수행	이해판단	성실책임	절충협조			
3	가중치	30%	20%	30%	20%			
4								
5	[표2]							
6	부서명	이름	직무수행	이해판단	성실책임	절충협조	평가점수	
7	기획실	이나영	82	56	77	91		
8	기획실	방국준	85	70	78	62		
9	기술부	이원섭	91	62	70	82		
10	기술부	정태은	92	90	78	85		
11	기획실	최재석	87	85	82	70		
12	관리부	최준기	78	68	78	91		
13								

◀ 'SUMPRODUCT2(예제)' 시트

정답 [G7] 셀에 「=SUMPRODUCT(C7:F7,$B$3:$E$3)」를 입력하고 [G12] 셀까지 수식 복사

⑫ 정방행렬의 행렬식(MDETERM)을 구하자.

형 식	=MDETERM(배열)	
사용방법	=MDETERM(A1:C3) 3행 3열 행렬의 행렬식 : $\begin{pmatrix} 1\,2\,3 \\ 4\,5\,6 \\ 7\,8\,9 \end{pmatrix}$의 행렬식	→ 27

① 배열[B5:D7]을 이용하여 행렬식을 구하여 보자.

▶ MDETERM 배열 함수 사용

▲	A	B	C	D	E
1					
2			MDETERM 함수		
3					
4		배열			
5		1	3	7	
6		2	4	6	
7		9	12	15	
8		결과값			
9					

◀ 'MDETERM(예제)' 시트

정답 [C8] 셀에 「=MDETERM(B5:D7)」를 입력

⑬ 정방행렬의 역행렬(MINVERSE)을 구하자.

형 식	=MINVERSE(배열)	
사용방법	=MINVERSE(A1:C3)	[A1:C3] 영역에 입력된 수치의 역행렬식을 계산함

① 배열[B5:D7]을 이용하여 역행렬식을 구하여 보자.

▶ MINVERSE 배열 함수 사용

▲	A	B	C	D	E	F	G	H	I
1									
2			배열식				역행렬		
3		1	3	7					
4		2	4	6					
5		9	12	15					
6									

◀ 'MINVERSE(예제)' 시트

정답 [F3:H5] 영역을 범위 지정한 후 「=MINVERSE(B3:D5)」를 입력하고 Ctrl + Shift + Enter 를 누름

⑭ 행렬의 곱(MMULT)을 구하자.

형 식	=MMULT(배열1,배열2)	
사용방법	=MMULT(A1:B2,C1:D2) 행렬 $\begin{pmatrix} 1 & 2 \\ 1 & -1 \end{pmatrix}$ 와 $\begin{pmatrix} 0 & -1 \\ 2 & 1 \end{pmatrix}$ 의 곱	→ 4

① 배열1[B3:D5]과 배열2[F3:H5]를 이용하여 행렬곱[B8:D10]을 구하여 보자.

▶ MMULT 배열 함수 사용

▲	A	B	C	D	E	F	G	H	I
1									
2			배열1				배열2		
3		1	3	7		4	8	1	
4		2	4	6		5	5	2	
5		9	12	15		6	6	3	
6									
7			행렬의 곱						
8									
9									
10									
11									

◀ 'MMULT(예제)' 시트

정답 [B8:D10] 영역을 범위 지정한 후 「=MMULT(B3:D5,F3:H5)」를 입력하고 Ctrl + Shift + Enter 를 누름

⑮ 여러 조건을 만족하는 셀(SUMIFS)을 더하자.

형 식	=SUMIFS(합계를 구할 범위, 조건 범위1, 조건1, 조건 범위2, 조건2, ...)	
사용방법	=SUMIFS(A1:A20,B1:B20,">0",C1:C20,"<10")	→ [B1:B20] 영역의 숫자가 0보다 크고, [C1:C20] 영역의 숫자가 10보다 작은 경우에 [A1:A20] 영역에서 합계를 구함

① 분류는 '스킨케어'이고, 브랜드는 '에뛰드하우스'인 가격의 합계를 구하여 [C15] 셀에 표시하시오.

▶ SUMIFS 함수 사용

▲	A	B	C	D	E
1					
2	분류	브랜드	제품명	가격	
3	스킨케어	스킨푸드	블랙슈가 마스크 워시오프	7,700	
4	메이크업	바닐라코	스파클링 나이트 팔레트	28,000	
5	스킨케어	에뛰드하우스	리얼 아트 클렌징 오일 모이스처	12,800	
6	스킨케어	토니모리	인텐스 듀얼 이펙트 슬리핑팩	15,800	
7	스킨케어	이니스프리	에코사이언스 링클스팟 에센스	33,000	
8	메이크업	스킨푸드	생과일 립 앤 치크	6,000	
9	스킨케어	에뛰드하우스	수분 가득 콜라겐 퍼스트 원액 에센스	15,000	
10	베이스 메이크업	이니스프리	미네랄 멜팅 파운데이션	12,000	
11	베이스 메이크업	바닐라코	프라임 프라이머 클래식	18,000	
12	스킨케어	쏘내추럴	라이트 에너자이징 페이셜 트리트먼트 오일	24,000	
13					
14	분류	브랜드	가격		
15	스킨케어	에뛰드하우스			
16					

◀ 'SUMIFS(예제)' 시트

정답 [C15] 셀에 「=SUMIFS(D3:D12,A3:A12,A15,B3:B12,B15)」를 입력

▶ 합격 강의

01 투자의 미래 가치를 산출하자(FV).

형식	=FV(이율, 납입횟수, 정기납입액, [현재가치], [납입시점])	
사용방법	=FV(6%/12,36,-440000,,1)	→ 17,394,426(납입시점이 0이면 기말, 1이면 기초)

① 만기지급액을 [G2:G8] 영역에 계산하여 표시하시오.

▶ '만기지급액'은 5년간 연이율 4%로 매월 초에 예금한 후 매월 복리로 계산하여 만기에 찾게 되는 예금액으로 계산

▶ '만기지급액'은 백의 자리에서 올림하여 표시

▶ ROUNDUP과 FV 함수 사용

	A	B	C	D	E	F	G	H
1	사원번호	직위	배우자	부양가족	가족수당	월불입액	만기지급액	
2	TN-012	과장	1	0	30,000	112,000		
3	TN-011	과장	0	0	0	81,300		
4	TN-010	과장	1	2	90,000	113,600		
5	TN-014	과장	1	0	30,000	112,000		
6	TN-015	대리	0	2	60,000	73,500		
7	TN-016	대리	0	1	30,000	71,400		
8	TN-017	대리	0	2	60,000	69,300		
9								
10								

◀ 'FV1(예제)' 시트

정답 [G2] 셀에 「=ROUNDUP(FV(4%/12,5*12,-F2,0,1),-3)」를 입력하고 [G8] 셀까지 수식 복사

② 3년 후에 자동차를 사기 위해 돈을 저축하려 한다. 매월 초에 500,000원씩 적립할 때 연 이율 5.5%가 매월 복리로 계산되어 적용된다. 그렇다면 3년 뒤에 예금한 돈은 얼마인가?

▶ FV 함수 사용

◀ 'FV2(예제)' 시트

정답 [C8] 셀에 「=FV(C5/12,C6*12,C4,0,1)」를 입력

⑫ 투자의 현재 가치를 산출하자(PV).

형 식	=PV(이율, 납입횟수, 정기납입액, [미래가치], [납입시점])	
사용방법	=PV(8%/12,36,−450000,0)	→ 14,360,312

① 자동차를 구입하기 위해 15,000,000원을 대출 받았다. 연리 8%로 3년간 450,000원씩 갚아야 한다면 이 금액의 현재 가치는 얼마인가?

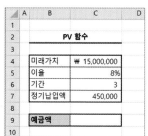

◀ 'PV1(예제)' 시트

정답 [C9] 셀에 「=PV(C5/12,C6*12,−C7,0)」를 입력

② 1000만원씩 연 4.5% 이율로 예치시켜두었다면 2년 후의 1000만원의 현재가치는 얼마인가?

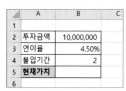

◀ 'PV2(예제)' 시트

정답 [B5] 셀에 「=PV(B3,B4,−B2)」를 입력

⑬ 투자의 실제 현재 가치를 산출하자(NPV).

형 식	=NPV(할인율, 값1, 값2 …)	
사용방법	=NPV(C10,C4:C9)	[C10] 셀의 이자율로 투자하여 [C4:C9] 영역의 연간 수입을 얻었을 때 현재 가치를 구함

① 지금부터 1년 후에 9,000,000을 투자하고, 앞으로 5년 동안 630만원, 242만원, 360만원, 63만원, 190만원의 연간 수입을 얻었다면 5년 후의 현재 가치는 얼마인가? (연 할인율은 12%라고 가정한다.)

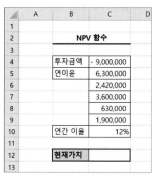

◀ 'NPV1(예제)' 시트

정답 [C12] 셀에 「=NPV(C10,C4:C9)」를 입력

② 지금부터 1년 후 10,000,000을 투자하고, 앞으로 5년 동안 310만원, 320만원, 330만원, 350만원, 310만원의 연간 수입을 얻었다면 5년 후의 현재 가치는 얼마인가? (연 할인율은 7%라고 가정한다.)

	A	B	C	D	E	F	G
1							
2		투자금액	- 10,000,000		기간(년)	회수금액	
3		연이율	7%		투자금액	- 10,000,000	
4		현재가치			1	3,100,000	
5					2	3,200,000	
6					3	3,300,000	
7					4	3,500,000	
8					5	3,100,000	
9							

◀ 'NPV2(예제)' 시트

정답 [C4] 셀에 「=NPV(C3,F3:F8)」를 입력

④ 투자에 대한 정기 지불액을 산출하자(PMT).

형 식	=PMT(이율, 불입총횟수, 현재가치, 미래가치, 기준)	
사용방법	=PMT(C5/12,10 * 12,D5,E6,0)	이율이 [C5] 셀 값일 때 10년 동안 [E6]셀 값만큼 모으려 할 때 매달 납입되는 값을 구함

① 연이율이 6%일 때 10년 동안 50,000,000원을 모으려면 매달 얼마씩 불입을 해야 하는가? (납입은 기말에 함)

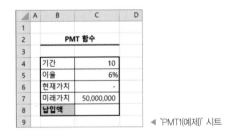

	A	B	C	D
1				
2		PMT 함수		
3				
4		기간	10	
5		이율	6%	
6		현재가치	-	
7		미래가치	50,000,000	
8		납입액		
9				

◀ 'PMT1(예제)' 시트

정답 [C8] 셀에 「=PMT(C5/12,C4*12,C6,-C7,0)」를 입력

② 아파트를 분양 받기 위해 은행으로부터 3천만원을 대출 받았는데, 연 이율이 7%이고 5년에 걸쳐 원리금을 모두 상환하려면, 매달 얼마씩 갚아나가야 하는가?

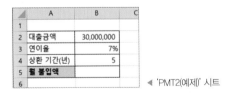

	A	B	C
1			
2	대출금액	30,000,000	
3	연이율	7%	
4	상환 기간(년)	5	
5	월 불입액		
6			

◀ 'PMT2(예제)' 시트

정답 [B5] 셀에 「=PMT(B3/12,B4*12,-B2)」를 입력

05 자산의 감가상각액을 연수 정액법(SLN)으로 계산하자.

형 식	=SLN(비용, 잔존가치, 내용연수) : 감가상각기준액을 자산의 기대내용년수 동안에 균등하게 배분하는 방법	
사용방법	=SLN(30000,7500,10)	→ 2250

① 33,540,000원의 차를 구입했을 경우 수명이 10년이고 잔존가치가 7,000,000원이라면 정액법에 의한 감가상각액이 얼마가 되는지 구해보자.

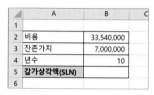

◀ 'SLN(예제)' 시트

정답 [B5] 셀에 「=SLN(B2,B3,B4)」를 입력

06 자산의 감가상각액을 연수 합계법(SYD)으로 계산하자.

형 식	=SYD(취득가치, 잔존가치, 내용연수, 기간)	
사용방법	=SYD(30000,7500,10,1)	→ 4,091(1년차 연간 감가상각 준비금)

① 33,540,000원의 차를 구입했을 경우 수명이 10년이고 잔존가치가 7,000,000원이라면 4년차의 감가상각액을 연수 합계법으로 얼마가 되는지 구해보자.

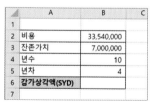

◀ 'SYD(예제)' 시트

정답 [B6] 셀에 「=SYD(B2,B3,B4,B5)」를 입력

▶ 합격 강의

01 HLOOKUP 함수로 열의 셀 값을 구하자.

정 의	범위의 첫 행을 검색하여 지정한 행에서 해당하는 열의 셀 값을 구한다.
형 식	=HLOOKUP(검색값, 범위, 행번호, [검색유형]) 검사유형 • TRUE(=생략) : 일치하는 값이 없을 경우 값 미만의 최대값을 검색 • FALSE(=0) : 일치하는 값이 없을 때는 #N/A 에러를 발생
사용방법	=HLOOKUP("123",A1:F3,2) ┃ 1행에서 "123"을 찾아 2행에서 같은 열에 있는 값을 나타냄

① 진료코드[C3:C9]와 진료코드표[A12:E14]를 이용하여 진료과목[E3:E9]을 구하시오.

▶ VLOOKUP, HLOOKUP, CHOOSE 중 알맞은 함수를 선택하여 사용

	A	B	C	D	E	F	G
1	환자진료현황						
2	초진일	재진일	진료코드	환자명	진료과목		
3	01월 12일	01월 25일	NE	조성진			
4	01월 13일	02월 14일	IT	박성회			
5	01월 14일	01월 20일	PE	도명준			
6	01월 15일	03월 06일	SU	장영호			
7	01월 16일	02월 26일	IT	정승환			
8	01월 17일	04월 24일	NE	김가영			
9	01월 18일	02월 11일	PE	서영철			
10							
11	<진료코드표 >						
12	진료코드	PE	IT	SU	NE		
13	담당의사	김영희	나준길	최만영	조수진		
14	진료과목	소아과	내과	외과	신경과		
15							

◀ 'HLOOKUP1(예제)' 시트

정답 ┃ [E3] 셀에 「=HLOOKUP(C3,$B$12:$E$14,3,FALSE)」를 입력하고 [E9] 셀까지 수식 복사

② 대출 기준표[B12:E13]를 이용하여 연봉[B3:B9]에 따른 대출가능액[C3:C9]을 표시하시오.

▶ 연봉이 5000 이상이면 대출가능액이 2000, 4000 이상 5000 미만이면 1500, 3000 이상 4000 미만이면 1000, 1000 이상 3000 미만이면 200

▶ HLOOKUP 함수 사용

	A	B	C	D	E	F
1	대출가능액		(단위:만 원			
2	이름	연봉	대출가능액			
3	이세창	4,000				
4	김은정	2,000				
5	최온철	1,000				
6	김성실	3,000				
7	고성현	5,000				
8	이은성	4,000				
9	김희도	3,000				
10						
11	대출 기준표					
12	연봉	1,000	3,000	4,000	5,000	
13	대출가능액	200	1,000	1,500	2,000	
14						

◀ 'HLOOKUP2(예제)' 시트

정답 [C3] 셀에 「=HLOOKUP(B3,$B$12:$E$13,2)」를 입력하고 [C9] 셀까지 수식 복사

③ 제품코드[A3:A6]와 제품별 단가표[A9:E10]를 이용하여 제품별 판매금액[D3:D6]을 구하시오.

▶ 판매금액 = 판매수량 * 판매단가

▶ 판매단가는 제품코드의 왼쪽 첫 번째 글자와 제품별 단가표의 제품기호[B9:E9]를 참조

▶ HLOOKUP와 LEFT 함수 사용

	A	B	C	D	E	F
1	가전 제품 판매 현황					
2	제품코드	제품명	판매수량	판매금액		
3	S-1289	냉장고	5			
4	K-3456	TV	35			
5	H-1234	컴퓨터	120			
6	U-5647	VTR	12			
7						
8			제품별 단가표			
9	제품기호	H	K	S	U	
10	판매단가	887,000	463,000	785,000	346,000	
11						

◀ 'HLOOKUP3(예제)' 시트

정답 [D3] 셀에 「=C3*HLOOKUP(LEFT(A3,1),$B$9:$E$10,2,0)」를 입력하고 [D6] 셀까지 수식 복사

02 VLOOKUP 함수로 행의 셀 값을 구하자.

형 식	=VLOOKUP(검색값, 범위, 열번호, [검색유형])
	검사유형
	• TRUE(=생략) : 일치하는 값이 없을 경우 값 미만의 최대값을 검색
	• FALSE(=0) : 일치하는 값이 없을 때는 #N/A 에러를 발생
사용방법	=VLOOKUP("123",A1:F3,2) A열에서 "123"을 찾아 2열에서 같은 행에 있는 값을 나타냄

① 면접등급[C3:C10]과 면접등록표[G4:H8]를 이용하여 평가점수[E3:E10]를 구하시오.

▶ 평가점수 = 평점 + 필기점수

▶ HLOOKUP, VLOOKUP, INDEX 함수 중 알맞은 함수를 선택하여 사용

	A	B	C	D	E	F	G	H	I
1		입사 지원자 현황							
2	성명	부서	면접등급	필기점수	**평가점수**		<면접등급표>		
3	김한국	영업부	A	45			면접등급	평점	
4	정미애	영업부	B	25			A	50	
5	박진만	총무부	B	40			B	40	
6	강현태	총무부	A	30			C	30	
7	강수정	영업부	E	25			D	20	
8	최현우	총무부	D	30			E	10	
9	박미정	영업부	D	36					
10	안혁진	영업부	C	42					
11									

▲ 'VLOOKUP1(예제)' 시트

정답 [E3] 셀에 「=VLOOKUP(C3,$G$4:$H$8,2,FALSE)+D3」를 입력하고 [E10] 셀까지 수식 복사

② 등록번호[C3:C8]와 학교코드표[F3:G8]를 이용하여 출신학교[D3:D8]를 표시하시오.

▶ 학교코드는 등록번호의 왼쪽의 두 번째 문자를 이용하여 계산

▶ MID와 VLOOKUP 함수 사용

	A	B	C	D	E	F	G	H
1		대한고 신입생 지원 현황					학교코드표	
2	접수번호	성명	등록번호	**출신학교**		학교코드	학교명	
3	1	김민찬	123			1	상계중	
4	2	홍길동	148			2	동호중	
5	3	안국현	157			3	명성중	
6	4	도지원	116			4	성동여중	
7	5	박수영	139			5	상공중	
8	6	이덕철	161			6	대한중	
9								

◀ 'VLOOKUP2(예제)' 시트

정답 [D3] 셀에 「=VLOOKUP(MID(C3,2,1),$F$3:$G$8,2,0)」를 입력하고 [D8] 셀까지 수식 복사

03 리스트에서 값을 선택(CHOOSE)하자.

형 식	=CHOOSE(인덱스번호, 값1, 값2, ...)	
사용방법	=CHOOSE(2,"월","화","수")	→ "화" (2번째에 해당하는 값)

① 사원코드[A3:A11]의 오른쪽 끝 문자가 '1'이면 '영업부', '2'이면 '인사부', '3'이면 '총무부', '4'이면 '기획부'로 소속부서[D3:D11]에 표시하시오.

▶ CHOOSE와 RIGHT 함수 사용

◀ 'CHOOSE1(예제)' 시트

> **정답** [D3] 셀에 「=CHOOSE(RIGHT(A3,1),"영업부","인사부","총무부","기획부")」를 입력하고 [D11] 셀까지 수식 복사

② 승진시험[C3:C10]에 대한 순위를 구하여 1~2위는 '승진', 3~4위는 '보너스', 5~8위는 '현상유지'로 결과 [D3:D10]에 표시하시오.

▶ CHOOSE와 RANK.EQ 함수 사용
▶ 순위는 승진시험 성적이 높을수록 1순위

	A	B	C	D	E
1		**인사기록표**			
2	사원번호	사원명	승진시험	**결과**	
3	991011	권미숙	86		
4	992123	박정현	78		
5	993012	장동수	96		
6	994103	이인균	74		
7	992012	윤선화	80		
8	991023	주성권	92		
9	991024	양정현	68		
10	991025	한효숙	90		
11					

◀ 'CHOOSE2(예제)' 시트

> **정답** [D3] 셀에 「=CHOOSE(RANK.EQ(C3,$C$3:$C$10),"승진","승진","보너스","보너스","현상유지","현상유지","현상유지","현상유지")」를 입력하고 [D10] 셀까지 수식 복사

04 셀 범위나 배열(INDEX)에서 참조나 값을 구하자.

형 식	=INDEX(범위, 행 번호, 열 번호, [참조 영역 번호])	
사용방법	=INDEX({1,2,3;4,5,6;7,8,9},1,3) $\begin{pmatrix} 1 & 2 & 3 \\ 4 & 5 & 6 \\ 7 & 8 & 9 \end{pmatrix}$에서 1행, 3열의 값	→ 3

① 현금 ¥100을 팔고자 할 때의 시세를 [B9]에 표시하시오.

▶ INDEX, DCOUNT, PROPER 중 알맞은 함수를 선택하여 사용

▲	A	B	C	D	E	F	G
1			외환시세표				
2	통화명	매매기준율	현금		송금(전신환)		
3			살 때	팔 때	보낼 때	받을 때	
4	USD	1322.50	1345.64	1299.36	1335.40	1309.60	
5	¥100	997.74	1015.20	980.28	1007.51	987.97	
6	EUR	1170.15	1193.43	1146.87	1181.85	1158.45	
7							
8		현금/팔 때					
9	¥100						
10							

▲ 'INDEX1(예제)' 시트

정답 [B9] 셀에 「=INDEX(C4:F6,2,2)」를 입력

② 리프트 요금표에서 정회원의 오후권 요금을 찾아서 [H3]에 표시하시오.

▶ INDEX 함수 사용

▲	A	B	C	D	E	F	G	H	I
1	리프트 요금표								
2	구분	전일권	오전권	오후권	야간권			오후권	
3	콘도회원	30,000	18,000	19,000	15,000		정회원		
4	정회원	45,000	25,000	26,000	23,000				
5	준회원	50,000	30,000	31,000	28,000				
6	비회원	53,000	35,000	37,000	35,000				
7									

▲ 'INDEX2(예제)' 시트

정답 [H3] 셀에 「=INDEX(B3:E6,2,3)」를 입력

③ [B3:E6] 영역을 참조하여 출발지(서울)에서 도착지(수원)까지의 택배요금을 계산하여 [E8] 셀에 표시하시오.

▶ INDEX 함수와 MID 함수 사용
▶ 출발지와 도착지의 구분은 ( )안의 두 자리 숫자를 이용한다.

	A	B	C	D	E	F
1	수도권 택배 요금표					
2		서울(01)	인천(02)	수원(03)	안양(04)	
3	서울(01)	5000	10000	15000	14000	
4	인천(02)	10000	5000	18000	17000	
5	수원(03)	15000	18000	5000	8000	
6	안양(04)	14000	17000	8000	5000	
7			출발코드	도착코드	요금	
8			서울(01)	수원(03)		
9						

◀ 'INDEX3(예제)' 시트

정답 [E8] 셀에 「=INDEX(B3:E6,MID(C8,4,2),MID(D8,4,2))」를 입력

⑤ **검색 값의 위치(MATCH)를 조사하자.**

형 식	=MATCH(검사 값, 검사 범위, [검사 유형])
	검사유형
	• 1 : 검사값보다 작거나 같은 값 중에서 최대값을 찾음
	• 0 : 검사값과 같은 첫째 값을 찾음 (생략하면 0으로 지정됨)
	• -1 : 검사값보다 크거나 같은 값 중에서 최소값을 찾음
사용방법	=MATCH("사과",{"딸기","사과","포도","메론"},0) → 2 ({ }안에 2번째에 해당)

① 각 지점별 최대실적 종류[B1:E8]를 이용하여 최대실적예금종류[G2:G8] 영역에 표시하시오.

▶ INDEX, MATCH, MAX 함수 사용

	A	B	C	D	E	F	G	H
1	지점명	보통예금	자유저축예금	세금우대	주택예금	합계	최대실적 예금종류	
2	강남지점	4,320,108	2,154,109	548,250	2,574,621	9,597,088		
3	송파지점	3,652,148	1,095,481	5,250,000	1,095,846	11,093,475		
4	마포지점	2,541,000	1,625,740	1,025,784	1,889,654	7,082,178		
5	과천지점	2,257,000	2,500,000	1,548,219	1,578,425	7,883,644		
6	인천지점	3,215,048	1,350,000	2,001,095	2,612,884	9,179,027		
7	안양지점	3,025,781	1,720,000	3,654,281	2,574,219	10,974,281		
8	대전지점	2,572,584	1,430,000	2,154,872	1,998,100	8,155,556		
9								

◀ 'MATCH1(예제)' 시트

정답 [G2] 셀에 「=INDEX($B$1:$E$8,1,MATCH(MAX(B2:E2),B2:E2,0))」를 입력하고 [G8] 셀까지 수식 복사

② [G3:G10] 영역에 시험점수등급을 계산하여 표시하시오.

▶ 시험점수등급은 중간 + 기말의 값을 기준으로 [표2]의 구간종료 영역 참조

▶ 표시 예 : 중간 + 기말이 56이면 '1등급'으로 표시

▶ MATCH 와 & 연산자 사용

	A	B	C	D	E	F	G	H	I	J	K	L
1	[표1]								[표2]			
2	성명	학과	출석	과제	중간	기말	시험점수등급		중간+기말		등급	
									구간시작	구간종료		
3	김대성	컴퓨터공학과	18	20	25	20			51	60	1	
4	지민희	컴퓨터공학과	20	20	22	18			41	50	2	
5	형민석	컴퓨터공학과	16	19	17	25			31	40	3	
6	이현실	컴퓨터공학과	15	15	13	26			21	30	4	
7	김대성	컴퓨터공학과	20	13	24	26			11	20	5	
8	지민희	컴퓨터공학과	15	20	26	24			1	10	6	
9	이현실	컴퓨터공학과	12	15	20	22						
10	이성희	컴퓨터공학과	18	17	18	13						
11												

▲ 'MATCH2(예제)' 시트

> **정답** [G3] 셀에 「=MATCH(E3+F3,$J$4:$J$9,-1)&"등급"」를 입력하고 [G10] 셀까지 수식 복사

③ [표1]를 참조하여 [표2] 영역에 각 직위별 'A고과', 'B고과', '승진시험' 점수가 가장 큰 사원의 '성명'을 최고점수자[H4:J8] 셀에 표시하시오.

▶ INDEX, MATCH, MAX 함수를 이용한 배열 수식을 사용하시오.

	A	B	C	D	E	F	G	H	I	J	K
1	[표1]						[표2]				
2	성명	직위	A고과	B고과	승진시험		직위	최고점수자			
3	조예솔	과장	87	74	88			A고과	B고과	승진시험	
4	고수정	주임	65	68	70		부장				
5	김세환	사원	87	87	94		과장				
6	문은아	주임	94	80	87		대리				
7	박영훈	부장	61	83	82		주임				
8	안기순	주임	95	80	80		사원				
9	안유경	사원	82	78	95						
10	이원섭	대리	95	91	82						
11	장용훈	주임	88	80	88						
12	정재민	사원	77	87	86						
13	정태은	사원	90	78	77						
14	최일목	대리	74	64	99						
15	한성현	대리	98	68	65						
16	황선철	과장	70	75	70						
17	방극준	부장	95	77	92						
18											

▲ 'MATCH3(예제)' 시트

> **정답** [H4] 셀에 「=INDEX($A$3:$A$17,MATCH(MAX(($B$3:$B$17=$G4)＊C3:C$17),($B$3:$B$17=$G4)＊C3:C$17,0))」를 입력하고 Ctrl + Shift + Enter 를 누른 후 [J8] 셀까지 수식 복사

06 벡터나 배열에서 값을 검색(LOOKUP)하자.

형식	=LOOKUP(검사값,검사범위,대응범위) – 벡터 형식 =LOOKUP(검사값,배열) – 배열 형식	
사용방법	=LOOKUP(A1,B1:B5,C1:C5)	[A1] 셀의 값을 [B1:B5] 영역에서 검색하고, 동일한 행에 위치한 [C1:C5]의 값을 결과로 나타냄

① [F3:F8] 영역에 보조경비를 계산하여 표시하시오.

▶ 보조경비는 소속 지역에 따라 다르며 [표1]의 [A3:B5] 영역 참조
▶ LOOKUP과 LEFT 함수 사용

	A	B	C	D	E	F	G
1	[표1]						
2	소속	보조경비		소속	채용형태	보조경비	
3	과천	270,000		서울1팀	계약직		
4	서울	500,000		서울1팀	정규직		
5	인천	350,000		인천1팀	정규직		
6				인천2팀	계약직		
7				과천1팀	정규직		
8				과천2팀	계약직		
9							

◀ 'LOOKUP(예제)' 시트

정답 [F3] 셀에 「=LOOKUP(LEFT(D3,2),$A$3:$B$5)」를 입력하고 [F8] 셀까지 수식 복사

07 배열의 행과 열을 바꾸자(TRANSPOSE).

형식	=TRANSPOSE(배열)	
사용방법	=TRANSPOSE(A1:C3)	배열 [A1:C3]의 행과 열을 바꾸어 나타냄

① [B4:C8] 내용을 [B10:F11] 영역에 행과 열을 바꾸어 복사하시오.

▶ TRANSPOSE 함수 사용

	A	B	C	D	E	F	G
1							
2				TRANSPOSE 함수			
3							
4		이름	성별				
5		한병현	남				
6		김희영	여				
7		고동호	남				
8		홍민수	남				
9							
10							
11							
12							

◀ 'TRANSPOSE(예제)' 시트

정답 [B10:F11] 영역에 「=TRANSPOSE(B4:C8)」를 입력하고 [Ctrl]+[Shift]+[Enter]를 누름

08 셀의 주소(ADDRESS)를 구하자.

형식	=ADDRESS(행번호,열번호,참조유형) 참조유형 • 1 또는 생략 : 절대 셀 참조 • 2 : 절대 행, 상대 열 • 3 : 상대 행, 절대 열 • 4 : 상대 행, 상대 열

사용방법	=ADDRESS(2,3)	→ $C$2(2행3열)

① [A1] 셀에 $B$1 라고 표시하시오.

② [A2] 셀에 C$4 라고 표시하시오.

③ [A3] 셀에 AREAS(예제)!$D$2 라고 표시하시오.

▶ ADDRESS 함수 사용

	A	B
1	$B$1	
2	C$4	
3	'AREAS(예제)'!$D$2	
4		

◀ 'ADDRESS(결과)' 시트

정답 ① [A1] 셀에 「=ADDRESS(1,2)」를 입력
② [A2] 셀에 「=ADDRESS(4,3,2)」를 입력
③ [A3] 셀에 「=ADDRESS(2,4,,,"AREAS(예제)")」를 입력

09 영역 수(AREAS)를 구하자.

형식	=AREAS(참조) 참조 범위 내에 영역의 개수를 구함	
사용방법	=AREAS(A1:B3,C1)	→ 2

10 열 번호(COLUMN)를 구하자.

형식	=COLUMN(참조)	
사용방법	=COLUMN(C10)	→ 3(C는 세 번째 열)

① [A3:G3] 영역에 열 번호를 구하시오.

② [A6:D13] 영역에서 해당 항목[F7:F8]의 열 번호[G7:G8]를 구하시오.

▶ COLUMN 함수 사용

	A	B	C	D	E	F	G	H
1								
2			열번호					
3								
4								
5								
6	초진일	재진일	진료코드	환자명		항목	열번호	
7	01월 12일	01월 25일	NE	조성진		진료코드		
8	01월 13일	02월 14일	IT	박성희		환자명		
9	01월 14일	01월 20일	PE	도명준				
10	01월 15일	03월 06일	SU	장영호				
11	01월 16일	02월 26일	IT	정승환				
12	01월 17일	04월 24일	NE	김가영				
13	01월 18일	02월 11일	PE	서영철				
14								

정답 ① [A3] 셀에 「=COLUMN( )」를 입력하고 [G3]
셀까지 수식 복사
② [G7] 셀에 「=COLUMN(C6)」를 입력
[G8] 셀에 「=COLUMN(D6)」를 입력

▲ 'COLUMN(예제)' 시트

⑪ 열 개수(COLUMNS)를 구하자.

형 식	=COLUMNS(배열 또는 셀 범위)	
사용방법	=COLUMNS(C1:E4)	→ 3(C, D, E 3개의 열)

⑫ 셀에 입력된 주소의 데이터 값(INDIRECT)을 가져오자.

형 식	=INDIRECT(참조할 텍스트)	
사용방법	=INDIRECT(A2)	[A2] 셀의 주소에 입력된 셀 주소에 찾아 입력된 값을 반환

① 참조[A2:A5]가 가리키는 셀의 값[B2:B5]을 INDIRECT[C2:C5]에 표시하시오.

▶ INDIRECT 함수 사용

◢	A	B	C	D
1	참조	값	**INDIRECT**	
2	B2	1.333		
3	B3	45		
4	가격	10		
5	5	62		
6				

▲ 'INDIRECT(예제)' 시트

◢	A	B	C	D
1	참조	값	**INDIRECT**	
2	B2	1.333	1.333	
3	B3	45	45	
4	가격	10	#REF!	
5	5	62	#REF!	
6				

▲ 'INDIRECT(결과)' 시트

정답 [C2] 셀에 「=INDIRECT(A2)」를 입력하고 [C5] 셀까지 수식 복사

⑬ 행 번호(ROW) 구하자.

형 식	=ROW(참조)	
사용방법	=ROW(C10)	→ 10

① 순서[A7:A10]에 1, 2, 3, 4 가 각각 표시되도록 하시오.

▶ ROW 함수 사용

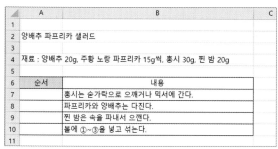

◢	A	B	C
1			
2	양배추 파프리카 샐러드		
3			
4	재료 : 양배추 20g, 주황 노랑 파프리카 15g씩, 홍시 30g, 찐 밤 20g		
5			
6	순서	내용	
7		홍시는 숟가락으로 으깨거나 믹서에 간다.	
8		파프리카와 양배추는 다진다.	
9		찐 밤은 속을 파내서 으깬다.	
10		볼에 ①~③을 넣고 섞는다.	
11			

◀ 'ROW(예제)' 시트

정답 [A7] 셀에 「=ROW()-6」를 입력하고 [A10] 셀까지 수식 복사

⑭ 행의 개수(ROWS)를 구하자.

형 식	=ROWS(배열)	
사용방법	=ROWS(C1:E4)	→ 4

통계 함수(통계.xlsx 파일 이용)

▶ 합격 강의

① 숫자의 평균값(AVERAGE)을 구하자.

형 식	=AVERAGE(수치1, 수치2, ...)	
사용방법	=AVERAGE(10,20,30)	→ 20

① 교양[B3:B8], 영어[C3:C8], 컴퓨터[D3:D8] 영역에 대해 평균[B9:D9]을 구하시오.

▶ HOUR, ABS, AVERAGE 중 알맞은 함수를 선택하여 사용

	A	B	C	D	E
1	연수 평가 결과				
2	성명	교양	영어	컴퓨터	
3	안명희	78	56	89	
4	임전환	85	67	88	
5	김인혜	67	97	89	
6	박영희	45	78	92	
7	도남덕	98	89	45	
8	나남희	100	90	98	
9	평균				
10					

◀ 'AVERAGE1(예제)' 시트

정답 [B9] 셀에 「=AVERAGE(B3:B8)」를 입력하고 [D9] 셀까지 수식 복사

② 개인별 영업 실적 현황에서 1월[C3:C9] 실적이 1월 평균실적 이상이면 '우수', 그렇지 않으면 공란으로 평가[D3:D9]에 표시하시오.

▶ IF와 AVERAGE 함수 사용

	A	B	C	D	E
1	개인별 영업 실적 현황				
2	영업소	사원이름	1월	평가	
3	서울	김정식	137,000		
4	경기	박기수	78,900		
5	강원	한송희	57,900		
6	충북	장영철	103,400		
7	대구	김만호	117,800		
8	경북	최수정	78,900		
9	부산	서용식	114,000		
10					

◀ 'AVERAGE2(예제)' 시트

정답 [D3] 셀에 「=IF(C3>=AVERAGE($C$3:$C$9),"우수","")」를 입력하고 [D9] 셀까지 수식 복사

③ 입사 시험 성적에서 서류전형[B3:B11], 필기[C3:C11], 면접[D3:D11]의 점수평균과 선발기준[B14:D15]을 참조하여 결과를 계산하여 [E3:E11] 영역에 표시하시오.

▶ 결과는 서류전형, 필기, 면접의 점수평균이 80 이상이면 '상', 60 이상 80 미만이면 '중', 60 미만이면 '하'

▶ AVERAGE와 HLOOKUP 함수 사용

	A	B	C	D	E	F
1		입사 시험 성적				
2	성명	서류전형	필기	면접	결과	
3	안도해	92	78	95		
4	임지훈	45	67	88		
5	남성남	76	89	76		
6	오기자	98	92	85		
7	최현도	77	56	72		
8	김미해	86	67	85		
9	유덕철	78	88	68		
10	나도향	92	82	78		
11	태지우	60	60	55		
12						
13		선발기준				
14	점수평균	0	60	80		
15	결과	하	중	상		
16						

◀ 'AVERAGE3(예제)' 시트

정답 [E3] 셀에 「=HLOOKUP(AVERAGE(B3:D3),$B$14:$D$15,2)」를 입력하고 [E11] 셀까지 수식 복사

02 숫자와 문자열, 논리값의 평균(AVERAGEA)을 구하자.

형 식	=AVERAGEA(수치1, 수치2, …)	
사용방법	=AVERAGEA(80,25,45,70,TRUE)	→ 44.2
	문자열(0으로 인식)과 논리값(TRUE=1,FALSE=0)도 계산에 포함	

① 각 심사관별로 1차~5차까지의 평가 점수의 평균값[G3:G5]을 계산하시오.

▶ '미실시', '중단'도 평균값 계산에 포함시킬 것

	A	B	C	D	E	F	G	H
1			프로젝트-T 심사표					
2	심사관	1차평가	2차평가	3차평가	4차평가	5차평가	평균값	
3	1심사관	8	9	7	미실시	10		
4	2심사관	9	9	8	7	중단		
5	3심사관	7	7	9	7	9		
6								

◀ 'AVERAGEA(예제)' 시트

정답 [G3] 셀에 「=AVERAGEA(B3:F3)」를 입력하고 [G5] 셀까지 수식 복사

03 최대값(MAX)을 구하자.

형 식	=MAX(수치1, 수치2, …)	
사용방법	=MAX(10,20,30)	→ 30

① 총점[E3:E9] 중에서 가장 큰 값을 구하여 최고점수[D11]에 표시하시오.

▶ RANK.EQ, MAX, MIN 중 알맞은 함수를 선택하여 사용

▲	A	B	C	D	E	F
1	경진대회 성적 결과					
2	성명	필기	홈페이지	검색	총점	
3	이광수	97	56	99	252	
4	김동현	67	78	89	234	
5	이상한	70	90	78	238	
6	김정숙	90	92	68	250	
7	한현희	92	45	90	227	
8	정상두	66	96	70	232	
9	황석영	79	90	89	258	
10						
11			최고점수			
12						

◀ 'MAX(예제)' 시트

정답 [D11] 셀에 「=MAX(E3:E9)」를 입력

04 최소값(MIN)을 구하자.

형 식	=MIN(값1, 값2, …)	
사용방법	=MIN(10,20,30)	→ 10

① 상담개론[B3:B8], 영업실습[C3:C8], 어학[D3:D8] 성적의 최고 점수와 최저 점수의 점수차이를 구하여 [B9:D9]에 표시하시오.

▶ MAX와 MIN 함수 사용

▲	A	B	C	D	E
1		연수 성적			
2	사원명	상담개론	영업실습	어학	
3	김덕우	77	98	83	
4	남효수	100	88	99	
5	정지용	67	45	77	
6	탁호영	94	76	58	
7	구연아	56	90	34	
8	김미나	82	73	84	
9	점수차이				
10					

◀ 'MAX,MIN(예제)' 시트

정답 [B9] 셀에 「=MAX(B3:B8)−MIN(B3:B8)」를 입력하고 [D9] 셀까지 수식 복사

05 데이터 범위에서 몇 번째 큰 값(LARGE)을 구하자.

형 식	=LARGE(범위, 순위)	
사용방법	=LARGE(A1:A10,3)	[A1:A10] 영역에서 3번째 큰 값을 구함

① 이용일수[B3:B11] 중에서 4번째로 이용일수가 많은 회원이름을 고객명[C14]에 표시하시오.

▶ VLOOKUP과 LARGE 함수 사용

	A	B	C	D	E
1	회원별 콘도 이용일수				
2	지역명	이용일수	회원이름	분류	
3	서울	25	서현순	특별회원	
4	제주	18	하지훈	일반회원	
5	서울	32	안동수	특별회원	
6	서울	21	김갑철	일반회원	
7	제주	13	사랑해	특별회원	
8	제주	22	현금보	특별회원	
9	서울	19	김인철	일반회원	
10	제주	28	유인국	일반회원	
11	제주	20	서수남	특별회원	
12					
13			고객명		
14					
15					

◀ 'LARGE(예제)' 시트

정답 [C14] 셀에 「=VLOOKUP(LARGE(B3:B11,4),B3:D11,2,FALSE)」를 입력

06 데이터 범위에서 몇 번째 작은 값(SMALL)을 구하자.

형 식	=SMALL(범위, 순위)	
사용방법	=SMALL(A1:A10,2)	[A1:A10] 영역에서 2번째 작은 값을 구함

① [B3:E7]에서 세 번째로 큰 점수와 두 번째로 작은 점수의 차이를 [D10] 셀에 구하시오.

▶ MIN, LARGE, SMALL, MAX 중 알맞은 함수 2개를 선택하여 사용

	A	B	C	D	E	F
1	1학기 성적					
2	성명	어문	수리탐구	과학탐구	전산	
3	고아라	72	78	80	90	
4	나영희	88	90	78	44	
5	박철수	100	90	96	76	
6	안도해	66	62	60	86	
7	최순이	78	84	82	92	
8						
9				점수차		
10						
11						

◀ 'SMALL(예제)' 시트

정답 [D10] 셀에 「=LARGE(B3:E7,3)-SMALL(B3:E7,2)」를 입력

07 수치의 순위(RANK.EQ)를 구하자.

형 식	=RANK.EQ(숫자, 범위, 옵션) : 범위에서 지정한 숫자의 내림차순 순위를 구함	
	옵션	
	• 0 또는 FALSE : 내림차순(가장 큰 값이 1등) − 생략하면 FALSE가 됨	
	• 1 또는 TRUE : 오름차순(가장 작은 값이 1등)	
	※ 범위는 고정된 영역을 참조해야 하므로 절대 주소 형식을 사용	
사용방법	=RANK.EQ(D3,$D$3:$D$9)	[D3] 셀이 [D3:D9] 영역에서의 순위를 구함

① 기말[D3:D9]에 대한 순위를 구하여 1–3위는 '상위권', 4–5위는 '중위권', 6–7위는 '하위권'으로 평가 [E3:E9]에 표시하시오.

▶ 순위는 기말점수 중 가장 높은 점수가 1위

▶ IF와 RANK.EQ 함수 사용

	A	B	C	D	E	F
1			기말고사 성적표			
2	학번	출석	중간	기말	평가	
3	202501	8	85	83		
4	202502	9	79	86		
5	202503	10	68	75		
6	202504	7	91	86		
7	202505	9	89	88		
8	202506	10	72	82		
9	202507	7	54	78		
10						

◀ 'RANK1(예제)' 시트

정답 [E3] 셀에 「=IF(RANK.EQ(D3,$D$3:$D$9)<=3,"상위권",IF(RANK.EQ(D3,$D$3:$D$9)<=5,"중위권","하위권"))」를 입력하고 [E9] 셀까지 수식 복사

② 1학년 신체검사표에서 키[C3:C11]에 대한 순위와 좌석기준표[B14:D15]를 이용하여 배정자리[D3:D11]를 구하시오.

▶ 키순위는 키가 작은 사람이 1위

▶ 키순위가 1~3이면 가열, 4~6이면 나열, 7~9이면 다열로 계산

▶ HLOOKUP과 RANK.EQ 함수 사용

	A	B	C	D	E
1	1학년 신체검사표				
2	번호	성명	키	배정자리	
3	30602	오정선	166		
4	30606	정현정	162		
5	30610	김민정	158		
6	30614	장혜련	175		
7	30618	한시연	163		
8	30622	도연탁	168		
9	30626	연기정	172		
10	30630	임덕영	170		
11	30634	안남정	169		
12					
13	좌석기준표				
14	키순위	1	4	7	
15	배정자리	가열	나열	다열	
16					

◀ 'RANK2(예제)' 시트

정답 [D3] 셀에 「=HLOOKUP(RANK.EQ(C3,$C$3:$C$11,1),$B$14:$D$15,2)」를 입력하고 [D11] 셀까지 수식 복사

08 표본의 분산(VAR.S)을 구하자.

형 식	=VAR.S(수치1, 수치2, …)	
사용방법	=VAR.S(A1:A5)	[A1:A5] 영역의 분산을 구함

① '신체현황'에서 키에 대한 분산을 계산하되 소수 2자리에서 올림하여 소수 1자리로 표시하시오.

▲	A	B	C
1		신체현황	
2	성명	키	
3	김민수	171	
4	박정호	169	
5	심보미	158	
6	이용재	174	
7	정찬길	175	
8	최소현	160	
9	한송희	161	
10	**분산**		
11			

◀ 'VAR.S(예제)' 시트

정답 [B10] 셀에 「=ROUNDUP(VAR.S(B3:B9),1)」를 입력

09 표준편차(STDEV.S)를 구하자.

형 식	=STDEV.S(수치1, 수치2, …)	
사용방법	=STDEV.S(A1:A5)	[A1:A5] 영역의 표준편차를 구함

① 워드[C4:C8], 스프레드시트[D4:D8], 데이터베이스[E4:E8] 영역에 대해 각각의 표준편차[C9:E9]를 표시하시오.

▶ VAR.S, STDEV.S 중 알맞은 함수를 사용

▲	A	B	C	D	E	F
1		**컴퓨터활용능력 인증 결과**				
2						
3		성명	워드	스프레드시트	데이터베이스	
4		이상훈	84	100	68	
5		장도열	77	99	88	
6		강민정	98	77	90	
7		박성식	78	66	95	
8		최만해	67	85	79	
9		**표준편차**				
10						

◀ 'STDEV.S(예제)' 시트

정답 [C9] 셀에 「=STDEV.S(C4:C8)」를 입력하고 [E9] 셀까지 수식 복사

❿ 수치 데이터의 개수(COUNT)를 구하자.

형 식	=COUNT(값1, 값2, …)	
사용방법	=COUNT(10,20,30)	→ 3

① 영어점수[C4:C10]을 이용하여 응시 인원수[E4]를 구하시오.

▶ COUNT, ROUND, ABS 중 알맞은 함수를 사용

	A	B	C	D	E	F
1		영어 시험 점수				
2						
3		이름	영어점수		응시 인원수	
4		강인월	90			
5		차영국	100			
6		이미자	85			
7		류장결	70			
8		송태영	95			
9		박상영	65			
10		최현구	80			
11						

◀ 'COUNT1(예제)' 시트

정답 [E4] 셀에 「=COUNT(C4:C10)」를 입력

② 방통대 시험 평가에서 과제물[B3:B13], 중간[C3:C13], 기말[D3:D13]의 점수가 모두 존재하면 '이수완료', 그렇지 않으면 '재수강'으로 평가[E3:E13]에 표시하시오.

▶ IF와 COUNT 함수 사용

	A	B	C	D	E	F
1	방통대 시험 평가					
2	성명	과제물	중간	기말	평가	
3	이천소	78	85	76		
4	김주영	85	85	54		
5	박진영	89		84		
6	위청호	85	78	87		
7	이규병		85	65		
8	현진수	82	96	95		
9	송채영	95	85	75		
10	조기남	45	89			
11	황현남	75	65	84		
12	채진성	52	45	78		
13	박추영	45	45			
14						

◀ 'COUNT2(예제)' 시트

정답 [E3] 셀에 「=IF(COUNT(B3:D3)=3,"이수완료","재수강")」를 입력하고 [E13] 셀까지 수식 복사

⑪ **공백이 아닌 데이터의 개수(COUNTA)를 구하자.**

형 식	=COUNTA(값1, 값2, …)	
사용방법	=COUNTA(가,나,다)	→ 3

① 1일차부터 3일차까지의 기간[B4:D12]을 이용하여 방학 중 연수 기간 동안의 총 결석 횟수를 구하여 [C14] 셀에 표시하시오.

▶ [표기 예 : 3 → 3회]

▶ COUNTA 함수와 & 연산자 사용

◢	A	B	C	D	E
1	방학 중 연수 참석 현황				
2				(결석표시 : X)	
3	성명	1일차	2일차	3일차	
4	김성호		X	X	
5	고준명				
6	강길자	X			
7	공성수			X	
8	박달자	X			
9	정성실				
10	태진영		X	X	
11	오수영				
12	장영순	X	X	X	
13					
14	연수 기간 중 총결석 횟수				
15					

◀ 'COUNTA(예제)' 시트

정답 [C14] 셀에 「=COUNTA(B4:D12) &"회"」를 입력

⑫ **공백 셀의 개수(COUNTBLANK)를 구하자.**

형 식	=COUNTBLANK(범위)	
사용방법	=COUNTBLANK(B3:B10)	→ [B3:B10] 영역 안에 공백 셀의 개수

① 공통필수, 전공필수, 전공선택 각각의 대금을 미납한 학생의 수를 미납자수 [B11:D11]에 표시하시오.

▶ 단, 'ㅇ' 표시는 대금을 납부한 것을 의미

▶ COUNTBLANK, COUNT, DCOUNT 중 알맞은 함수를 선택하여 사용

◢	A	B	C	D	E
1	대금 납부 현황				
2	성명	공통 필수	전공필수	전공선택	
3	어동철	O		O	
4	인당수		O		
5	기형도	O		O	
6	안지만	O		O	
7	신호연			O	
8	윤동훈	O	O	O	
9	임미영		O	O	
10	구대성	O		O	
11	미납자수				
12					

◀ 'COUNTBLANK(예제)' 시트

정답 [B11] 셀에 「=COUNTBLANK(B3:B10)」를 입력하고 [D11] 셀까지 수식 복사

⑬ 조건에 맞는 셀의 개수(COUNTIF)를 구하자.

형 식	=COUNTIF(범위, 검색조건)	
사용방법	=COUNTIF(A1:A10,"영진")	[A1:A10] 영역에서 "영진" 문자열이 입력된 셀 개수를 구함

① 근무점수[C3:C11]가 70 이상 80 미만인 사람 수를 구하여 [D5] 셀에 표시하시오.

▶ COUNT, COUNTIF, SUMIF 중 알맞은 함수를 선택하여 사용

◢	A	B	C	D	E	F
1		직원 근무 평가				
2	성명	입사일	근무점수			
3	박정호	2015-06-06	73			
4	신정희	2020-04-01	68	70점대		
5	김용태	2019-05-06	98			
6	김진영	2017-11-01	65			
7	유현숙	2021-01-01	69			
8	최정렬	2018-06-10	80			
9	강창희	2016-09-11	86			
10	천영주	2021-06-10	70			
11	박인수	2022-05-06	68			
12						

◀ 'COUNTIF1(예제)' 시트

정답 [D5] 셀에 「=COUNTIF(C3:C11,"<80")−COUNTIF(C3:C11,"<70")」를 입력하거나 「=COUNTIF(C3:C11,">=70")−COUNTIF(C3:C11,">=80")」를 입력

② '성명'별 '컴퓨터일반', '스프레드시트', '실기' 중 40 미만인 과목이 1개 이상이면 '탈락', 그 이외는 '본선출전'으로 판정[E3:E11]에 표시하시오.

▶ IF와 COUNTIF 함수 사용

◢	A	B	C	D	E	F
1	컴퓨터 활용 능력 시험					
2	성명	컴퓨터일반	스프레드시트	실기	판정	
3	나영인	45	78	90		
4	김민탁	87	20	90		
5	연제식	98	89	90		
6	강철민	39	89	65		
7	소인영	78	90	34		
8	임인애	70	90	100		
9	보아라	80	70	90		
10	전보아	76	70	49		
11	성수진	70	45	67		
12						

◀ 'COUNTIF2(예제)' 시트

정답 [E3] 셀에 「=IF(COUNTIF(B3:D3,"<40")>=1,"탈락","본선출전")」를 입력하고 [E11] 셀까지 수식 복사

⑭ 중간값(MEDIAN)을 구하자.

형 식	=MEDIAN(값1, 값2, ...)	
사용방법	=MEDIAN(10,15,20,30,35)	→ 20

① 면접점수[B3:B10]가 전체 사원들 면접 점수의 중앙값 이상이면 '합격', 그렇지 않으면 빈칸으로 평가등급 [C3:C10]에 표시하시오.

▶ IF와 MEDIAN 함수 사용

	A	B	C	D
1		사원 모집		
2	성명	면접점수	평가등급	
3	사현희	24		
4	정금배	17		
5	박현만	10		
6	강구태	5		
7	강수연	23		
8	최현민	10		
9	임진아	25		
10	왕선홍	14		
11				

◀ 'MEDIAN1(예제)' 시트

정답 [C3] 셀에 「=IF(B3>=MEDIAN($B$3:$B$10),"합격","")」를 입력하고 [C10] 셀까지 수식 복사

② 칼로리[C3:C12]의 중간값을 [E3] 셀에 계산하여 표시하시오.

▶ MOD, MODE.SNGL, MEDIAN, MID 중 알맞은 함수를 선택하여 사용

	A	B	C	D	E	F
1		생선류 칼로리 비교표				
2	식 품	분 량 (g)	칼로리		중간값 (kcal)	
3	삼치	100	178			
4	정어리	100	87			
5	연어	100	166			
6	문어	100	75			
7	생새우	100	82			
8	전갱이	100	80			
9	물오징어	100	75			
10	굴	100	78			
11	다랑어	100	134			
12	모시조개	100	572			
13						

◀ 'MEDIAN2(예제)' 시트

정답 [E3] 셀에 「=MEDIAN(C3:C12)」를 입력

⑮ 최빈값(MODE.SNGL)을 구하자.

형 식	=MODE.SNGL(값1, 값2, …)	
사용방법	=MODE.SNGL(10,20,40,40,40)	→ 40

① 경기별 골인수에서 가장 빈번하게 발생한 골인수를 [D11] 셀에 표시하시오.

▶ MODE.SNGL 함수 사용

	A	B	C	D	E
1			경기별 골인수		
2					
3	구분	잠실경기장	수원경기장	성남경기장	
4	제1경기	4	2	4	
5	제2경기	2	1	3	
6	제3경기	3	3	2	
7	제4경기	1	2	0	
8	제5경기	3	3	1	
9					
10				최빈수	
11					
12					

◀ 'MODE.SNGL(예제)' 시트

정답 [D11] 셀에 「=MODE.SNGL(B4:D8)」를 입력

⑯ 빈도 분포 값을 수직 배열(FREQUENCY)로 구하자.

형 식	=FREQUENCY(데이터 배열, 구간 배열)	
사용방법	=FREQUENCY(A1:A5,B1:B5)	[A1:A5] 자료가 [B1:B5] 간격에 해당한 분포수를 구함

① 체중[C4:C11]을 이용하여 체중분포를 학생수[G4:G8]에 표시하시오.

▶ FREQUENCY 함수 사용
▶ 구간 배열은 [F4:F7] 영역 참조

	A	B	C	D	E	F	G	H
1		학급 체중 분포표						
2								
3		이름	체중		체중		학생수	
4		김재현	55		0 ~	50 kg		
5		홍민수	60		51 ~	60 kg		
6		박미라	70		61 ~	70 kg		
7		전혜민	55		71 ~	80 kg		
8		이봉주	65		81Kg 이상			
9		장성환	60					
10		이재웅	70					
11		손재완	89					
12								

◀ 'FREQUENCY(예제)' 시트

정답 [G4:G8] 영역을 범위 지정한 후 「=FREQUENCY(C4:C11,F4:F7)」를 입력하고 Ctrl + Shift + Enter

⑰ 조건에 만족하는 모든 셀의 평균(AVERAGEIF)을 구하자.

형 식	=AVERAGEIF(범위, 조건, 평균을 구할 범위)	
사용방법	=AVERAGEIF(A2:A5,")250000",B2:B5)	[A2:A5] 영역에서 250,000보다 큰 데이터의 [B2:B5] 영역에서 평균을 구함

① 출석[B3:B9]일수가 8일 이상인 학생의 중간[C3:C9], 기말[D3:D9] 점수의 평균[B12:C12]을 구하시오.

▶ AVERAGEIF 함수 사용

⊿	A	B	C	D	E
1					
2	이름	출석	중간	기말	
3	이주아	8	85	83	
4	김민주	9	79	86	
5	박예준	10	68	75	
6	이재원	7	91	86	
7	최준수	9	89	88	
8	강진욱	10	72	82	
9	황환빈	7	54	78	
10					
11	출석	중간	기말		
12	>=8				
13					

◀ 'AVERAGEIF(예제)' 시트

정답 [B12] 셀에 「=AVERAGEIF($B$3:$B$9,$A$12,C3:C9)」를 입력하고 [C12] 셀까지 수식 복사

⑱ 여러 조건을 만족하는 모든 셀의 평균(AVERAGEIFS)을 구하자.

형 식	=AVERAGEIFS(평균범위, 조건범위1, 조건1, 조건범위2, 조건2, …)	
사용방법	=AVERAGEIFS(B2:B5,B2:B5,")70",B2:B5,"(90")	[B2:B5] 영역에서 70~90의 조건에 해당한 데이터의 평균을 구함

① 성별이 '남'이고, 신장이 170 이상인 사원의 체중 평균[D12]을 구하시오.

⊿	A	B	C	D	E
1		비만도 측정			
2	성명	성별	신장	체중	
3	한장석	남	178	60	
4	오명희	여	152	58	
5	최철주	남	169	62	
6	마준희	여	162	45	
7	권길수	남	184	82	
8	장도애	여	175	68	
9	조서희	여	158	62	
10					
11		성별	신장	체중 평균	
12		남	>=170		
13					

◀ 'AVERAGEIFS(예제)' 시트

정답 [D12] 셀에 「=AVERAGEIFS(D3:D9,B3:B9,B12,C3:C9,C12)」를 입력

⑲ 여러 조건에 만족하는 셀의 개수(COUNTIFS)를 구하자.

형 식	=COUNTIFS(조건 범위1, 조건1, 조건 범위2, 조건2, ...)	
사용방법	=COUNTIFS(B5:D5,"=예",B3:D3,"=예")	모든 조건에 만족한 셀의 개수를 구함

① 근무점수가 60점대인 사원의 수[D5]를 구하시오.

	A	B	C	D	E	F
1		직원 근무 평가				
2	성명	입사일	근무점수			
3	박정호	2015-06-06	73			
4	신정희	2020-04-01	68		60점대	
5	김용태	2019-05-06	98			
6	김진영	2017-11-01	65			
7	유현숙	2021-01-01	69			
8	최정렬	2018-06-10	80			
9	강창희	2016-09-11	86			
10	천영주	2021-06-10	70			
11	박인수	2022-05-06	68			
12						

◀ 'COUNTIFS(예제)' 시트

정답 [D5] 셀에 「=COUNTIFS(C3:C11,">=60",C3:C11,"<70")」를 입력

---

⑳ 숫자, 텍스트, 논리 값 등 인수 목록에서 최대값(MAXA)을 구하자.

형 식	=MAXA(값1, 값2, 값3 ...)	
사용방법	=MAXA(0,0,1,TRUE)	1 (True가 1임)

① 1차~5차까지 평가 점수가 가장 큰 값[G3:G5]을 구하시오.

	A	B	C	D	E	F	G	H
1			프로젝트-T 심사표					
2	심사관	1차평가	2차평가	3차평가	4차평가	5차평가	최대값	
3	1심사관	0.8	TRUE	0.5	미실시	TRUE		
4	2심사관	0.5	0	FALSE	0.2	중단		
5	3심사관	0.6	오류	0.3	0.1	0		
6								

◀ 'MAXA(예제)' 시트

정답 [G3] 셀에 「=MAXA(B3:F3)」를 입력하고 [G5] 셀까지 수식 복사

🅑 기적의 TIP

- 인수는 1개에서 255개까지 사용할 수 있습니다.
- TRUE가 포함된 값은 1로 처리됩니다.

▶ 합격 강의

01 공백 셀인지를 조사(ISBLANK) 하자.

형 식	=ISBLANK(검사대상)	
사용방법	=ISBLANK(I5)	→ FALSE (공백 셀이면 TRUE)

① 수강료의 할인율을 [F2:F10] 영역에 계산하여 표시하시오.

▶ 각 학생별 '1차', '2차', '3차'의 평균을 구하고 할인율은 [표1]의 [H3:I7] 영역 참조
▶ '결석일수'의 셀이 공백이면 0.5%를 추가 할인해 줌
▶ VLOOKUP, AVERAGE, IF, ISBLANK 함수를 사용

	A	B	C	D	E	F	G	H	I	J
1	성명	결석일수	1차	2차	3차	할인율		[표1]		
2	박연	4	68	55	45			평균	할인율	
3	이순신	2	82	76	78			0점 이상	0.0%	
4	성삼문		92	85	91			60점 이상	2.5%	
5	송시열	1	73	59	84			70점 이상	3.0%	
6	지석영	1	93	87	79			80점 이상	3.5%	
7	임꺽정	2	46	85	86			90점 이상	4.0%	
8	성춘향	3	76	59	57					
9	홍영식	3	82	83	78					
10	권율	2	69	81	45					
11										

◀ 'ISBLANK1(예제)' 시트

정답 [F2] 셀에 「=VLOOKUP(AVERAGE(C2:E2),$H$3:$I$7,2)+IF(ISBLANK(B2),0.5%)」를 입력하고 [F10] 셀까지 수식 복사

② 통과여부[I2:I12]를 계산하시오.

▶ 통과여부는 3월, 4월, 5월, 6월의 평균이 70 이상이고, 결석이 공백인 경우에는 '통과', 나머지는 '재수강'으로 계산
▶ AND, AVERAGE, IF, ISBLANK 함수를 사용

	A	B	C	D	E	F	G	H	I	J
1	과정명	수강생코드	3월	4월	5월	6월	합계	결석	통과여부	
2	6C-03	D03-04-09	72	68	88	75	303	3		
3	6C-03	D03-03-12	62	83	71	48	264			
4	5B-02	D03-03-07	83	87	78	56	304			
5	5B-02	D03-03-09	83	82	87	92	344			
6	6B-02	D03-03-12	84	68	88	94	334	2		
7	6A-01	D03-03-12	88	92	90	88	358			
8	6C-03	D03-04-10	90	36	53	66	245			
9	6C-03	D03-04-11	80	86	88	85	339	4		
10	5A-01	D03-03-03	83	82	87	92	344			
11	6C-03	D03-04-12	70	38	65	79	252			
12	6C-03	D03-04-13	92	86	88	60	326			
13										

◀ 'ISBLANK2(예제)' 시트

정답 [I2] 셀에 「=IF(AND(AVERAGE(C2:F2)>=70,ISBLANK(H2)),"통과","재수강")」를 입력하고 [I12] 셀까지 수식 복사

02 에러 값인지를 조사(ISERROR)하자.

형 식	=ISERROR(검사대상)	
사용방법	=ISERROR(SUM(가,나,다)	→ TRUE (SUM함수 인수가 잘못되어서)

① 생산량과 생산금액을 이용하여 생산단가[D2:D7]에 계산하시오.

▶ IF, ISERROR 함수 사용

▶ 생산단가 = 생산금액/생산량 (단, 계산식에 오류가 있으면 '생산량 없음'으로 표시)

	A	B	C	D	E
1	브랜드	생산량	생산금액	생산단가	
2	라네즈	100	10,000,000		
3	마몽드	450	8,700,000		
4	미로				
5	아이오페	500	49,000,000		
6	헤라				
7	오딧세이	390	5,870,000		
8					

◀ 'ISERROR(예제)' 시트

정답 [D2] 셀에 「=IF(ISERROR(C2/B2),"생산량 없음",C2/B2)」를 입력하고 [D7] 셀까지 수식 복사

03 셀에 대한 정보(CELL)를 알아보자.

형 식	=CELL(정보 유형 텍스트, [참조할 주소])
	정보 유형 텍스트
	• "address" : 참조 영역에 있는 첫째 셀의 주소
	• "col" : 참조 영역에 있는 셀의 열 번호
	• "contents" : 참조 영역에 있는 왼쪽 위 셀의 수식이 아닌 값을 반환
	• "filename" : 참조가 들어 있는 파일의 전체 경로 및 파일 이름
	• "row" : 참조 영역에 있는 셀의 행 번호
	• "type" : 셀이 비어 있으면→ 'b'를, 상수를 포함하면 'l'을, 그 밖의 경우에는 'v'를 반환

사용방법	=CELL("row", A20)	→ 20

① 컴퓨터 활용능력[A2] 셀의 정보유형[C3:C9]을 결과값[D3:D9]에 표시하시오.

	A	B	C	D	E
1					
2	컴퓨터 활용능력		정보유형	결과값	
3			address		
4			col		
5			filename		
6			protect		
7			row		
8			type		
9			contents		
10					

◀ 'CELL(결과)' 시트

정답 [D3] 셀에 「=CELL(C3,$A$2)」를 입력하고 [D9] 셀까지 수식 복사

04 참조 값이 #N/A가 오류(ISERR)인지 체크해보자.

형 식	=ISERR(값)	
사용방법	=ISERR("가"/0)	→ TRUE

① 단가[C3:C7]가 오류 값인지를 ISERR[D3:D7]에 표시하시오.

▶ TRUE 또는 FALSE로 표시

	A	B	C	D	E
1					
2	금액	수량	단가	**ISERR**	
3	100,000	2	50,000		
4	69,000	3	23,000		
5	50,000	#N/A	#N/A		
6	212,000		#DIV/0!		
7	#NULL!	50	#NULL!		
8					

	A	B	C	D	E
1					
2	금액	수량	단가	**ISERR**	
3	100,000	2	50,000	FALSE	
4	69,000	3	23,000	FALSE	
5	50,000	#N/A	#N/A	FALSE	
6	212,000		#DIV/0!	TRUE	
7	#NULL!	50	#NULL!	TRUE	
8					

▲ 'ISERR(예제)' 시트 ▲ 'ISERR(결과)' 시트

정답 [D3] 셀에 「=ISERR(C3)」를 입력하고 [D7] 셀까지 수식 복사

05 참조 값이 짝수(ISEVEN)인지 알아보자.

형 식	=ISEVEN(숫자) : 짝수이면 TRUE를 반환	
사용방법	=ISEVEN(6)	→ TRUE

① 반[A4:A13]의 마지막 숫자가 짝수이면 백군여부[D4:D13]에 '백군'이라고 표시하시오.

▶ IF, ISEVEN, RIGHT 함수 사용

	A	B	C	D	E
1	100M 달리기 대회				
2					
3	반	이름	상	**백군여부**	
4	1-1	서이현	대상		
5	1-2	홍석민	금상		
6	1-5	장나라	은상		
7	2-3	백태희	금상		
8	2-5	박보림	대상		
9	3-2	임진희	은상		
10	3-3	소지민	대상		
11	3-6	조의재	금상		
12	4-3	주형형	은상		
13	4-8	김현수	금상		
14					

	A	B	C	D	E
1	100M 달리기 대회				
2					
3	반	이름	상	**백군여부**	
4	1-1	서이현	대상		
5	1-2	홍석민	금상	백군	
6	1-5	장나라	은상		
7	2-3	백태희	금상		
8	2-5	박보림	대상		
9	3-2	임진희	은상	백군	
10	3-3	소지민	대상		
11	3-6	조의재	금상	백군	
12	4-3	주형형	은상		
13	4-8	김현수	금상	백군	
14					

▲ 'ISEVEN(예제)' 시트 ▲ 'ISEVEN(결과)' 시트

정답 [D4] 셀에 「=IF(ISEVEN(RIGHT(A4,1)),"백군","")」를 입력하고 [D13] 셀까지 수식 복사

06 참조 값이 논리 값(ISLOGICAL)인지 알아보자.

형 식	=ISLOGICAL(값) : 논리 값의 경우 TRUE를 반환	
사용방법	=ISLOGICAL(7)	→ FALSE

① 책 제목[A2:A8]이 논리 값인지를 [B2:B8] 영역에 표시하시오.

▶ TRUE 또는 FALSE로 표시

	A	B	C
1	책 제목	ISLOGICAL	
2	위대한 기업으로		
3	맥시멈 리더쉽		
4	마케팅 불변의 법칙		
5	TRUE		
6			
7	경영의 교양을 읽는다.		
8	FALSE		
9			

▲ 'ISLOGICAL(예제)' 시트

	A	B	C
1	책 제목	ISLOGICAL	
2	위대한 기업으로	FALSE	
3	맥시멈 리더쉽	FALSE	
4	마케팅 불변의 법칙	FALSE	
5	TRUE	TRUE	
6		FALSE	
7	경영의 교양을 읽는다.	FALSE	
8	FALSE	TRUE	
9			

▲ 'ISLOGICAL(결과)' 시트

정답 [B2] 셀에 「=ISLOGICAL(A2)」를 입력하고 [B8] 셀까지 수식 복사

---

07 참조 값이 문자(ISNONTEXT)인지 알아보자.

형 식	=ISNONTEXT(값) : 문자 값이 아니면 TRUE를 반환	
사용방법	=ISNONTEXT(7)	→TRUE

① 책 제목[A2:A8]이 논리 값인지를 [B2:B8] 영역에 표시하시오.

▶ TRUE 또는 FALSE로 표시

	A	B	C
1	책 제목	ISNONTEXT	
2	위대한 기업으로		
3	맥시멈 리더쉽		
4	마케팅 불변의 법칙		
5	TRUE		
6			
7	경영의 교양을 읽는다.		
8	FALSE		
9			

▲ 'ISNONTEXT(예제)' 시트

	A	B	C
1	책 제목	ISNONTEXT	
2	위대한 기업으로	FALSE	
3	맥시멈 리더쉽	FALSE	
4	마케팅 불변의 법칙	FALSE	
5	TRUE	TRUE	
6		TRUE	
7	경영의 교양을 읽는다.	FALSE	
8	FALSE	TRUE	
9			

▲ 'ISNONTEXT(결과)' 시트

정답 [B2] 셀에 「=ISNONTEXT(A2)」를 입력하고 [B8] 셀까지 수식 복사

08 참조 값이 숫자(ISNUMBER)인지 알아보자.

형 식	=ISNUMBER(값) : 숫자 값이면 TRUE를 반환	
사용방법	=ISNUMBER(7)	→TRUE

① 점수[B3:B10]가 숫자인지를 [C3:C10] 영역에 표시하시오.

▶ TRUE 또는 FALSE로 표시

▲	A	B	C	D
1				
2	이름	점수	**ISNUMBER**	
3	서이현	95		
4	홍석민	결석		
5	장나라	98		
6	백태희	69		
7	박보림	85		
8	임진희	88		
9	소지민	75		
10	조의재	92		
11				

▲	A	B	C	D
1				
2	이름	점수	**ISNUMBER**	
3	서이현	95	TRUE	
4	홍석민	결석	FALSE	
5	장나라	98	TRUE	
6	백태희	69	TRUE	
7	박보림	85	TRUE	
8	임진희	88	TRUE	
9	소지민	75	TRUE	
10	조의재	92	TRUE	
11				

▲ 'ISNUMBER(예제)' 시트   ▲ 'ISNUMBER(결과)' 시트

> **정답** [C3] 셀에 「=ISNUMBER(B2)」를 입력하고 [C10] 셀까지 수식 복사

09 참조 값이 홀수(ISODD)인지를 알아보자.

형 식	=ISODD(숫자) : 숫자가 홀수이면 TRUE를 반환	
사용방법	=ISODD(7)	→TRUE

① 숫자[A2:A8]가 홀수인지를 [B2:B8] 영역에 표시하시오.

▶ TRUE 또는 FALSE로 표시

▲	A	B	C
1	숫자	**ISODD**	
2	10		
3	11		
4	12		
5	13		
6	14.1		
7	15.6		
8	-2		
9			

▲	A	B	C
1	숫자	**ISODD**	
2	10	FALSE	
3	11	TRUE	
4	12	FALSE	
5	13	TRUE	
6	14.1	FALSE	
7	15.6	TRUE	
8	-2	FALSE	
9			

▲ 'ISODD(예제)' 시트   ▲ 'ISODD(결과)' 시트

> **정답** [B2] 셀에 「=ISODD(A2)」를 입력하고 [B8] 셀까지 수식 복사

기적의 TIP

1. 숫자가 홀수이면 TRUE를 반환하고 짝수이면 FALSE를 반환합니다.
2. 정수가 아니면 소수점 이하를 버리고 정수로 변환됩니다.

자주 출제되는 함수사전 3-107

⑩ 참조 값이 텍스트(ISTEXT)인지 알아보자.

형식	=ISTEXT(값) : 문자 값이면 TRUE를 반환	
사용방법	=ISTEXT("김")	→TRUE

① 수강료[D3:D9]가 문자이면 0원으로 계산하여 합계[E3:E9]를 구하시오.

▶ 합계 = 신청인원 * 수강료

▶ IF, ISTEXT 함수 사용

⬛	A	B	C	D	E	F
1						
2	주제	강사	신청인원	수강료	**합계**	
3	왕기초 영문법	이현진	23	무료		
4	스크린영어	차이성	15	12,000		
5	원어민 영어회화	박현민	21	무료		
6	불어초급	김지형	20	15,000		
7	니하오 중국어	이승현	10	10,000		
8	곤니찌와 일본어	홍성규	30	무료		
9	중급영어	김현규	15	무료		
10						

◀ 'ISTEXT(예제)' 시트

정답 [E3] 셀에 「=C3*IF(ISTEXT(D3),0,D3)」를 입력하고 [E9] 셀까지 수식 복사

⑪ 셀 값의 유형(TYPE)을 알아보자.

형식	=TYPE(값) : 값의 유형을 나타내는 수를 구함 숫자는 '1', 텍스트 값 '2', 논리 값 '4', 오류 값 '16'	
사용방법	=TYPE("김")	2

① [A3:A6] 영역 안에 있는 값이 텍스트, 숫자, 논리 값, 또는 오류 값인지 그 TYPE을 [B3:B6] 영역에 표시하시오.

▶ 값의 유형이 10이면 '숫자', 20이면 '문자', 40이면 '논리값', 160이면 '오류값'으로 표시

▶ IF, TYPE 함수 사용

⬛	A	B	C
1			
2	값	TYPE	
3	컴퓨터 활용능력		
4	12345		
5	TRUE		
6	#DIV/0!		
7			

▲ 'TYPE(예제)' 시트

⬛	A	B	C
1			
2	값	TYPE	
3	컴퓨터 활용능력	문자	
4	12345	숫자	
5	TRUE	논리값	
6	#DIV/0!	오류값	
7			

▲ 'TYPE(결과)' 시트

정답 [B3] 셀에 「=IF(TYPE(A3)=1,"숫자",IF(TYPE(A3)=2,"문자",IF(TYPE(A3)=4,"논리값",IF(TYPE(A3)=16,"오류값"))))」를 입력하고 [B6] 셀까지 수식 복사

01 논리식의 역(NOT)을 구한다.

형 식	=NOT(논리식)	
사용방법	=NOT(30>=10)	→ FALSE (TRUE의 역)

02 논리값(TRUE, FALSE)을 구한다.

형 식	=TRUE( ), =FALSE( )	
사용방법	=TRUE( ) =FALSE( )	→ TRUE → FALSE

03 여분의 공백을 삭제(TRIM)한다.

형 식	=TRIM(문자열)	
사용방법	=TRIM('YOUNGJIN')	→ YOUNGJIN

04 0~1 사이의 난수(RAND)를 발생시킨다.

형 식	=RAND( )	
사용방법	=RAND( )	→ 0.700791 (이 값은 실행할 때마다 다름)

05 계승(FACT)을 구한다.

형 식	=FACT(수치)	
사용방법	=FACT(4)	→ 24 (=1 × 2 × 3 × 4)

06 제곱근(SQRT)을 구한다.

형 식	=SQRT(수치)	
사용방법	=SQRT(2)	→ 1.414214

07 원주율(PI)을 구한다.

형 식	=PI( )	
사용방법	=PI( )	→ 3.14159265

08 자연로그의 밑 e(e=2.7182182)의 거듭제곱승(EXP)을 구한다.

형 식	=EXP(수치)	
사용방법	=EXP(2)	→ 7.3890561 (=2.7182182 × 2.7182182)

09 거듭제곱승(POWER)을 구한다.

형 식	=POWER(수치, 지수)	
사용방법	=POWER(2,4)	→ 16 (=2 × 2 × 2 × 2)

10 몫의 정수(QUOTIENT) 부분을 구한다.

형 식	=QUOTIENT(분자, 분모)	
사용방법	=QUOTIENT(126,12)	→ 10

11 범위를 지정해서 정수의 난수(RANDBETWEEN)를 발생시킨다.

형 식	=RANDBETWEEN(최소치, 최대치)	
사용방법	=RANDBETWEEN(1,4)	→ 1 (1 ~ 4까지의 정수의 랜덤으로 발생)

12 기준 셀로부터 지정한 행, 열만큼 떨어진 위치의 셀 범위를 참조(OFFSET)한다.

형 식	=OFFSET(기준, 행수, 열수, [높이], [폭])	
사용방법	=OFFSET(A1,4,3)	A1셀에서 4행 아래, 3열 오른쪽으로 떨어진 셀(D5)을 참조

⑬ 기하(상승)평균(GEOMEAN), 조화평균(HARMEAN)을 구한다.

형 식	=GEOMEAN(숫자1,숫자2, ...)	
사용방법	$\begin{array}{l} \text{=GEOMEAN(1,2,3)} \\ \sqrt[3]{1 \times 2 \times 3} \end{array} \rightarrow 1.81712059$	$\begin{array}{l} \text{=HARMEAN(1,2,3)} \\ 3 \div \left(\dfrac{1}{1} + \dfrac{1}{2} + \dfrac{1}{3} \right) \end{array} \rightarrow 1.63636364$

⑭ 배열(범위)에서 K번째 백분위 수(PERCENTILE.INC)를 구한다.

형 식	=PERCENTILE.INC(배열, K)	
사용방법	=PERCENTILE.INC({1,2,3,4,5},25%)	→ 2

사람들은 의욕이 끝까지 가질 않는다고 말한다.
뭐, 목욕도 마찬가지 아닌가?
그래서 매일 하는 거다.
목욕도, 동기부여도.

지그 지글러(Zig Ziglar)